AF453310

INVENTAIRE
V14,633

EXTRAITS

DES PRINCIPAUX

ARTICLES DES STATUTS

DES

MAÎTRES HORLOGERS

DE LA VILLE ET FAUXBOURGS DE PARIS,

DES ANNÉES 1544. 1583. 1646. 1707. *&* 1719.

RE'GISTRE'S EN PARLEMENT.

AVEC

Le Précis des Principaux Edits , Lettres-Patentes, Déclarations, Ordonnances, Arrêts, Sentences & Réglemens Anciens & Nouveaux , du Conseil, du Parlement, de la Cour des Aides, de la Cour des Monnoies, du Châtelet & du Bailliage du Palais ; qui fixent les Droits, les Priviléges, les Devoirs, & les Obligations desdits Maîtres ; & la Police qui doit être observée dans leur Corps.

Le tout Recueilli , mis en Ordre & diſtribué par Matières ,
Par CLAUDE RAILLARD, *Ancien Garde-Viſiteur,*

Etant en Charge en cette préſente Année 1752.

JEAN-JACQ. FIEFFÉ, *Comptable.*	JACQ. LE MAZURIER.
PIERRE IGOU.	LOUIS-FR. NORMAND.

M. DCC. LII.

AVERTISSEMENT.

EN l'Année 1735. MM. les Gardes-Visiteurs en Charge firent Imprimer un Extrait de quelques Articles des Statuts de la Communauté, & du Dispositif de plusieurs Arrêts & Réglemens, sous le Titre *d'Avis Important à Messieurs les Horlogers.* Cet Ouvrage leur auroit été beaucoup plus utile, s'il eut été plus ample, plus correct, & dans un autre Ordre. Quoiqu'il en soit, comme dès avant 1747. il ne restoit plus au Bureau d'Exemplaires de cet *Avis Important*, ni des Statuts de 1646. de 1707. & de 1719. que la Communauté avoit fait Imprimer dans ces temps pour les distribuer aux Maîtres & à ceux que l'on reçoit, auxquels ils sont particulièrement destinés ; MM. les Anciens, par une Délibération du 28. Juin de la même Année 1747. donnerent Pouvoir aux Gardes-Visiteurs, d'en faire Imprimer d'autres. Comme j'étois alors en Charge & *Comptable*, je me chargeai avec plaisir de cet Ouvrage ; & pour le rendre plus avantageux, je pris le parti de faire une Compilation des principaux Articles de nos Statuts, Ordonnances & Réglemens, & d'y ajouter, d'ailleurs, ce que je jugerois nécessaire. Mes Matériaux rassemblés, je les séparai par Matières différentes, auxquelles je donnai des Titres & je mis le tout dans l'Ordre où on le voit ici, que je crus le plus convenable, le meilleur & le plus facile pour apprendre aux Jeunes ou Nouveaux Maîtres leurs Droits, leurs Priviléges, leurs Devoirs & leurs Obligations. Je regardai aussi cet Ouvrage comme très essentiel à MM. les Gardes-Visiteurs en Charge & à Messieurs les Avocats & Procureurs de la Communauté. Aux premiers, parce qu'étant obligés par leur Etat de veiller à la Conservation de ces mêmes Droits & Priviléges, à empêcher que Personne n'y donne aucune atteinte, & à prendre garde que chacun remplisse ces Devoirs & ces Obligations ; ils doivent avoir une connoissance parfaite des Ordonnances & des Réglemens qui les constatent : & aux Seconds, parce qu'étant chargés de défendre & de soutenir en Justice les Droits & la Police du Corps, il est nécessaire qu'ils ayent sous les yeux ces Ordonnances & ces Réglemens pour savoir ce qu'ils contiennent & ce qui pourroit avoir été jugé en pareil cas, des Affaires qu'ils ont entre les mains. C'est dans ce point de vûe que j'ai augmenté cette Collection de quantité de bonnes Pièces qui avoient été omises dans *l'Avis Important*. J'y en ai aussi joint quelques autres Anciennes, dont je parlerai ci-après, qui, j'ose dire, étoient inconnues à la Communauté, pour en avoir perdu les Originaux depuis très long-temps & n'en avoir aucune Copie dans ses Archives.

Parmi toutes ces Pièces, l'on en trouvera plusieurs, qui, d'abord, paroîtront étrangères au Corps des Horlogers & ne le point concerner : j'en conviens. Mais si l'on y fait quelques Réflexions, l'on conviendra aussi que le Droit & la Faculté que nous avons, comme les Orfévres , de Fondre & Fabriquer les Matières d'Or & d'Argent , nous affujétiffent aux mêmes Réglemens faits pour eux , pour tout ce qui concerne le Titre de ces Matières & la Marque & les Poinçons qui doivent être fur les Ouvrages qui en font Fabriqués. C'eft donc, à ce fujet, que j'ai rapporté plufieurs de ces Réglemens , qui , nous étant communs avec eux dans ces parties , nous obligent également de les obferver. Il y en a auffi quelqu'autres qui ne paroîtront pas moins étrangè-res ; fi je les ai de même rapportées , c'eft parce que ce font des Loix générales de Police auxquelles cha-cun eft obligé, par fon Etat ou Commerce , de fe con-former. Au refte, l'utilité que l'on retirera de ces Piè-ces , c'eft qu'elles feront connoître & éviter des Con-traventions dans lefquelles l'on pourroit tomber fans le favoir , ce qui feroit encourir les Peines ou Amendes prononcées par ces Ordonnances, quoiqu'elles n'ayent été faites ni particulièrement renduespour nous.

Cette Collection ainfi faite ne fut cependant point alors Imprimée, & ne l'auroit même peut-être ja-mais été, fi MM. les Gardes-Vifiteurs de préfent en Charge, voyant d'un côté l'avantage que l'on pou-voit en retirer & de l'autre la néceffité de fournir des Statuts & Réglemens à beaucoup de Maîtres qui n'en ont point, n'avoient requis MM. les An-ciens de renouveller à leur égard le Pouvoir d'en faire Imprimer qu'ils avoient donnés le 28 Juin 1747, à leurs Prédéceffeurs ; ce qu'ils ont fait par une Seconde Délibération du 28 Décembre 1751. Cette dernière Délibération m'a engagé d'augmenter encore cette Compilation, pour y comprendre les principaux Arrêts & Réglemens survenus depuis 1747. afin de la rendre plus complète. J'ai aussi en même temps fait des Notes que j'ai cru nécessaires à la suite de certains Réglemens; aux uns, pour les éclaircir; à d'autres, pour dire le motif qui m'a engagé de les rapporter; & à quelques-autres, pour détruire de fausses idées que beaucoup de Maîtres ont sur le véritable Sens littéral de ces mêmes Réglemens.

Comme de bonnes Tables sont d'un très grand secours, par la facilité qu'elles donnent pour trouver dans le moment tout ce dont on peut avoir besoin; j'en ai fait Trois. La première, des Titres & de l'Ordre des Matières; la seconde, Chronologique des Ordonnances rapportées & citées; & la troisième, Alphabétique des différentes Matières. Si l'on compare présentement cet Ouvrage avec celui de *l'Avis Important*, qui ne contient pas six Pages in-4°. l'on jugera aisément du plus d'utilité de l'un ou de l'autre & de la différence du travail pour l'exécution. Dans l'état ou j'ai mis celui-ci, qui me paroît plus que suffisant pour sa Destination, si je peux être utile à mes Confrères & en même temps leur plaire, je m'estimerai trop heureux. La grace que je leur demande, c'est de le lire avec attention, tant pour observer ce qui leur est prescrit par les Loix du Corps que pour éviter des Contraventions dans lefquelles je fuis perfuadé qu’ils tomberoient, plus tôt faute de connoître les Ordonnances & les Réglemens de leur Art & Commerce, que pour ne pas vouloir s’y conformer.

Je reviens préfentement aux Anciennes Pièces, dont j’ai promis de parler, & dont j’ai dit que la Communauté avoit perdu les Originaux depuis très longtemps & qu’elle n’en avoit aucune Copie dans fes Archives. Si on les trouve cependant rapportées ici ; c’eft qu’elles fe font heureufement confervées dans les Papiers de mes Ancêtres où je les ai trouvées ; & que je les ai enfuite foigneufement gardées pour en faire ufage dans l’occafion. Ces Pièces font :

L’Original ou Minute en papier , de l’Avis de Meffieurs les Officiers du Châtelet, fur les Statuts demandés en 1544. à François I. par les Horlogers, dans lequel les Articles de Statuts font énoncés ; ledit Avis daté du Jeudi 5 Juin audit An , & *Signé* de Meffieurs, les Lieutenans, Civil, Criminel, & Particulier, des deux Avocats du Roi, de cinq Confeillers & du Greffier.

Une très Ancienne Copie en papier, des Lettres-Patentes en forme d’Edit & des Statuts donnés par François I. à Saint Maur-des-Foffés au mois de Juillet 1544. Cette Copie étant écrite de la main de mon Bifaïeul qui a paffé trois fois les Charges dans la Communauté , je ne doute point qu’elle n’ait été faite fur l’Original , & conféquemment qu’elle ne foit très correcte. Je croi devoir avertir au fujet de ces Statuts, qu'ils ont été enregiftrés au Parlement le Mardi 17. Mars fuivant, qui étoit encore de la même Année 1544. parce qu'alors l'Année ne commençoit qu'à Pâques. L'Arrêt d'enregiftrement fe trouve dans le Dépôt des Minutes du Parlement dans la Tour au Palais, dans un très gros Regiftre de parchemin couvert de Bazane & côté Conseil, Folio 498. Verfo, où je l'ai vû & copié en entier le 16. Janvier 1738. mais les Articles de Statuts ne font rapportés qu'en abrégé dans cet Arrêt, ce qui rend ma Copie d'autant plus précieufe, que la Minute où ils étoient tout au long ne fe trouve plus, ayant périe dans l'Incendie arrivée au Palais en 1618. fuivant ce qui m'en a été dit lors de la recherche que j'en faifois. Ces Statuts ont auffi été enregiftrés au Châtelet aux Regiftres de la Police étant en la Tournelle dudit Châtelet, par Ordonnance de Monfieur le Lieutenant Civil, du Mardi 18. Février 1570.

Une Copie en papier, Collationnée fur l'Original en parchemin par le Greffier en Chef du Bailliage du Palais, le 23. Juin 1632. d'autres Articles de Statuts que je donne ici fous l'Année 1583. Je croi devoir avertir à ce fujet, que, fi je les rapporte de cette Date, c'eft fans aucunes preuves ni autorités certaines. Ce qui m'a déterminé à leur donner celle-ci, c'eft que j'ai vû dans les Papiers de notre Bureau une Quittance en parchemin du 15 Avril 1583. *Signé* Maheut, de la fomme de Huit Ecus payés pour la Confirmation de nos Priviléges, &

deux

deux Arrêts du Parlement, l'un du 18 Mars 1586. qui entre-autres Difpofitions, Ordonne aux Horlogers de faire enregiftrer leurs Statuts, & l'autre du 27 Juin 1598. qui rappelle la même difpofition du précédent. Cet enregiftrement de Statuts Ordonné par ces Arrêts, ne pouvoit certainement point être pour ceux de 1544. puifqu'ils avoient été enregiftrés dans la même Année, comme je l'ai marqué ci-deffus, de forte que dans cette incertitude & étant cependant néceflaire de leur fixer une Date que cette Copie Collationnée ne marque point, je leur ai donné celle de l'Année 1583. qui, égard à ce que deffus m'a parue affés vraifemblable. D'ailleurs, j'ai regardé cette Année ou une autre, indifférente & de peu de conféquence pour ces Statuts, puifqu'ils n'en font pas moins réels & effectifs ; ils peuvent même avoir été enregiftrés au Parlement en vertu de ces deux Arrêts, mais ils l'ont certainement été au Châtelet au huitième Volume des Bannières, le Vendredi, 21. Juillet 1600. par Ordonnance de Monfieur le Lieutenant Civil rendue la veille.

Et un Imprimé contenant, Copie des Lettres-Patentes en forme d'Edit, données par Louis XIV. à Paris, au mois de Novembre 1652. portant Exemption de toutes Lettres de Maîtrifes créées pour Joyeux Avénement du Roi à la Couronne, &c...... enfemble, de l'Arrêt du Confeil Privé du Roi, à Paris, du 21. Novembre 1651. pour avoir l'Avis de Monfieur le Lieutenant Civil fur ladite Exemption ; de l'Avis de Mondit Sieur le Lieutenant Civil, du 3. Décembre audit An 1651. & de l'Arrêt du Parlement, du 30. Janvier 1654. portant enregiſtrement deſdites Lettres-Patentes, au bas duquel Arrêt eſt l'Original d'une Signification des Pièces ci-deſſus contenues audit Imprimé, ladite Signification faite le 4 Novembre 1662. par BLANCHANS, Huiſſier à Verge au Châtelet de Paris, à la Requête des Gardes-Viſiteurs alors en Charge, du nombre deſquels CLAUDE RAILLARD mon Aïeul en étoit un, au Sieur LE GANGNEUR, ſoi diſant être chargé de vendre deux Lettres de Maitriſe d'Horloger, créées par Edit du Mois d'Octobre 1660. Regiſtré en Parlement le 28 Mai 1661.

Enfin, toutes ces Pièces pouvant être utiles à la Communauté, je les lui ai remiſes avec d'autres de moindre conſéquence, que j'ai de même trouvées dans les papiers de mes Ancêtres. Et comme celles ci deſſus ſpécifiées ont parû mériter d'être gardées avec ſoin, l'on a conſeillé à M. FIEFFE', à préſent Garde-Viſiteur Comptable, de les dépoſer pour leur conſervation & éviter leur perte, chez Maître BERNARD, Notaire au Châtelet & de la Communauté, où l'on auroit recours dans le beſoin : C'eſt ce qu'il a fait les 20. Février & 18. Mai de la préſente Année mil ſept cens cinquante deux.

Et nobis quidem ipſis, qui hoc opus, breviandi cauſâ, ſuſcepimus, non facilem laborem, immò verò negotium plenum vigiliarum & ſudoris aſſumſimus.

MAC. LIB. II. Cap. II. Vers. 27.

Paris, ce 6 Juin. 1752.

TABLE
DES TITRES
ET DE L'ORDRE DES MATIÉRES.

b ij

TABLE
CHRONOLOGIQUE
DES ORDONNANCES.

Arrêt

TITRE PREMIER.

TITRE PREMIER.

DROITS ET PRIVILÉGES
DES MAÎTRES HORLOGERS
DE LA VILLE ET FAUXBOURGS DE PARIS,
ET LES RÉGLEMENS
POUR LEUR ART ET COMMERCE.

ORDONNANCE DE FRANÇOIS PREMIER,
à Blois, en Mars 1540.

RDONNONS que les Changeurs n'ayent aucune affociation ni participation de Change, Marchandife, ni autrement, avec les Orfévres & Joyailliers..... fur peine d'amende arbitraire, &c...

Nota. *Cette Ordonnance & l'Edit, ci-après, du mois de Mars 1554. font tirés de la p. 141 du Recueil des Statuts des Orfévres, imprimés en 1734. & rédigé par Mr. Pierre Le Roy, ancien Garde Orfévre. Quoique cette Ordonnance & cet Edit ne paroiffent regarder directement que le Commerce de l'Orfévrerie, entre les Orfévres & les Changeurs ; ils doivent néanmoins fervir de Réglemens pour tous les autres Corps d'Arts & Métiers. Dans ce cas, il ne peut être permis à aucun Marchand, ni Artifan, de s'affocier pour fon Commerce, avec aucun Particulier fans qualité, fous tel titre ou degré de Parenté que fe puiffe être ; pas*

A

même sous celui de fils, de frère ou de gendre ; à moins qu'ils ne soient reçus Marchands ou Maîtres du même Commerce de ceux avec lesquels ils veulent faire société de négoce. La raison de cette prohibition est naturelle. C'est transmettre indirectement un droit libre de commerce, & une faculté d'exercer un état, à des personnes qui n'ont point de serment en Justice pour cela ; & c'est les faire jouir du bénéfice ou du profit des Priviléges d'un Corps ou Communauté, dont ils ne sont point membres. Comme il est deffendu aux Maîtres Horlogers, par l'art. VI. de leurs Statuts de 1707. de communiquer leur droit de travailler & de commercer de l'Horlogerie, à des gens sans qualité, par la voye de la protection ; ils ne peuvent pareillement, par celle de l'association, admettre aucun Horloger qui n'est point reçu Maître, en participation du droit qu'ils ont de travailler & de faire librement le commerce de l'Horlogerie ; ce qui, aux termes de leurs Statuts, n'appartient qu'aux seuls Maîtres Horlogers.

STATUTS de 1544. Art. X.

NUls, de quelques états qu'ils soient, s'ils ne sont reçus Maîtres, ne pourront faire ni faire faire Horloges, Réveils-matin, Montres grosses ni menues, ni autres ouvrages dudit métier d'Horloger, dedans ladite Ville, Cité & Banlieue de Paris, sur peine de confiscation desdits ouvrages, & d'amende arbitraire.

EDIT DE HENRI II.
à Fontainebleau, en Mars 1554. Article XI.

LEsdits Orfévres & Joyailliers n'auront aucune association, ni participation de fait de change par Marchandise, ni autrement, avec les Changeurs, &c…

SENTENCE DU CHATELET,
du 2 Mai 1575.

NOus disons, oüi ledit Procureur du Roi, que défenses sont faites audit Deschateaux (Maître Frippier) Deffendeur, de faire état de Maître Horloger, vendre Horloges ni autres ouvrages neufs dudit métier d'Horloger, d'en faire ni fabriquer, ni faire réparer, ni avoir outils dudit métier, ni autrement entreprendre fur le métier des Horlogers ; ains feulement eft permis audit deffendeur, de pouvoir acheter aux Inventaires & ailleurs, Horloges & autres ouvrages vieux dudit métier d'Horloger, pour les revendre en l'état qu'il les aura achetés, fans les ajufter, ni les réparer, &c.

SENTENCE DU BAILLAGE DU PALAIS,
du 31 Janvier 1576.

NOus, Parties oüies, avons inhibé & défendu audit Antoine Suret, (Maître Serrurier) Défendeur, de belogner du métier d'Horloger, ains feulement de fon métier de Serrurier ; & pour en avoir belogné, nous l'avons condamné en fix livres d'amende & aux dépens..... & enjoint audit Défendeur de fubir les vifitations que lefdits Gardes–Vifiteurs Horlogers voudront fur lui faire, &c.

STATUTS de 1583, Art. VI.

NE pourront lefdits Maîtres Horlogers vendre ou faire vendre & colporter Belogne & Ouvrages neufs de leurdit Art, ailleurs qu'en leurs Boutiques ; & où il s'en trouveroit en vente, en Places publiques à eux appartenans, fubhaftées ou expofées en vente par Huiffiers, Sergens ou Frippiers, finon qu'elles fuffent faifies ou éxécutées fur eux, ou fans autre caufe légitime, fera permis auxdits Gardes–Vifiteurs les prendre & faifir ès mains de ceux qui s'en trouveront poffeffeurs, & iceux faire affigner, pour répondre aux fins ci-deffus.

AVIS DE M. LE PROCUREUR DU ROI,
du 5 Septembre 1613.

PArties oüies en leurs Remontrances, & après que Mefnin, (Sergent à Verge au Châtelet de Paris) Défendeur, a dit n'avoir point permiffion de Juftice de vendre la montre faifie & dont eft queftion : nous avons fait & faifons inhibitions &

défenses audit Défendeur , & à tous autres Sergens , de vendre à l'avenir aucunes Montres , qu'au préalable , ils n'ayent permission de justice , à peine de suspension de leur charge & de confiscation. Faisant droit sur la demande incidente faite par les Gardes-Visiteurs Horlogers , il est permis auxdits Horlogers d'aller aux ventes qui se feront aux Places publiques , & de saisir les Besognes dépendantes de leur métier , qui seront exposées en vente sans permission de justice , à la charge de nous en faire rapport en la manière accoutumée.

AVIS DE M. LE PROCUREUR DU ROI,
Du 2 Août 1617.

NOus , Parties oüies en leurs plaidoyers , lecture faite des Ordonnances des Gardes-Visiteurs Horlogers , Demandeurs , ensemble de l'exploit de saisie faite à leur Requête sur ledit Jean Marchedieu , (Marchand Orfévre) Défendeur : Avons fait défenses audit Défendeur , d'entreprendre sur ledit métier d'Horloger , à peine de confiscation de ce qui sera sur lui saisi ; & pour avoir mis & exposé en l'étallage lesdites Montres & Horloges , l'avons condamné en six livres tournois d'amende & aux frais , &c.

SENTENCE DU BAILLAGE DU PALAIS,
Du 16 Septembre 1623.

NOus disons que ladite saisie de Montres & Horloges dont est question , est déclarée & la déclarons bonne & valable ; & en ce faisant, les avons déclarées & les déclarons acquises & confisquées , moitié au Roi , & l'autre moitié auxdits Gardes-Visiteurs Horlogers ; défenses audit Jean Toutin , Maître Orfévre , de plus faire aucune entreprise sur le métier desdits Horlogers, sur les peines de droit ; & si est ledit Toutin condamné aux dépens de l'instance , &c.

ARREST DU CONSEIL D'ÉTAT PRIVÉ DU ROI,
à Paris, du 8 Mai 1643.

LE Roi en fon Confeil, faifant droit fur ladite Inftance, a maintenu & gardé, maintient & garde lefdits Horlogers au pouvoir & faculté de faire, vendre & débiter toutes fortes de Boîtes d'or & d'argent, émaillées, gravées, avec toutes fortes d'ornemens pour leurs Montres & Horloges, fans qu'ils y puiffent être empéchés par lefdits Maîtres & Gardes de l'Orfévrerie de Paris, ni autres à la charge, &c... & qu'ils travailleront au même titre que font obligés les Maîtres Orfévres, fur les peines portées par les Ordonnances : & à cette fin, feront tenus de mettre leurs noms fur leurs Boîtes & Ouvrages, pour en répondre en leurs propres & privés noms, & feront vifités par les Maîtres & Gardes de leur Métier d'Horloger ; & la connoiffance & malverfations, concernant le titre de l'or & de l'argent mis en leurs Ouvrages, appartiendra à la Cour des Monnoyes ; défenfes auxdits Maîtres & Gardes de l'Orfévrerie de les troubler à l'avenir, ni de fe mêler de leur Métier, & de vendre les Mouvemens des Horloges, entreprendre aucunes vifites fur eux, ni de faifir leurs Montres & Horloges, ni autres pièces dépendantes de leur Métier, fous prétexte qu'elles feroient d'or & d'argent, ou émaillées, à peine de 1500 liv. d'amende, & de tous dépens, dommages & intérêts : pourront lefdits Horlogers avoir fourneaux en leurs Boutiques feulement, & en lieu public, pour leurs Ouvrages, &c....

STATUTS de 1646. Art. I.

PRemièrement, les Maîtres & Gardes Horlogers de la Ville de Paris, feront dire & célébrer une Meffe tous les premiers Dimanches de chaque mois, pour prier Dieu pour la profpérité du Roi, de la Reine, & de Meffieurs les Princes de leur bon Confeil.

MEMES STATUTS, Art. XIII.

IL ne fera permis à aucun Orfévre, ni autre, de quelque état & Métier qu'il foit, de fe mêler de travailler & négocier directement ou indirectement d'aucune marchandife d'Horlogerie, groffe ou menue, vieille ni neuve, achevée ou non achevée, s'il n'eft reçû Maître Horloger à Paris; fur peine de confifcation de la marchandife dont ils feront trouvés faifis, & d'amende arbitraire.

MEMES STATUTS, Art. XVI.

LEs Maîtres de notre Ville de Paris, ne pourront faire travailler aucun Compagnon en ladite Ville & Fauxbourgs de Paris, ni en aucuns Lieux Privilégiés, tant de Befogne neuve que vieille, ni racommodage, qu'il ne foit Maître en notre Ville de Paris; finon en leurs Maifons & Boutiques, à peine de confifcation defdits Ouvrages, & d'amende.

MEMES STATUTS, Art. XVII.

AUcun Huiffier ou Sergent, ne pourront prifer ni vendre aucun Ouvrage d'Horlogerie, s'il ne fait partie d'Inventaire, & qu'il n'ait été prifé d'un Maître Horloger de Paris; fur peine à l'Huiffier ou Sergent de 100 liv. d'amende.

MEMES STATUTS, Art. XVIII.

IL ne fera permis à aucuns Revendeurs, Revendeufes, Colporteurs, de vendre ni de faire vendre aucun Ouvrage d'Horlogerie; fur peine de 100. liv. d'amende.

MEMES STATUTS, Art. XIX.

LEs Maîtres Horlogers pourront faire ou faire faire tous leurs Ouvrages d'Horlogerie, tant les Boîtes qu'autres Pièces de leur Art, de telle étoffe & matière qu'ils aviferont

bon être, pour l’embelliſſement de leurs Ouvrages, tant d’or
que d’argent, & autres étoffes qu’ils voudront, ſans qu’ils puiſſent en être empêchés ni recherchés par d’autres que par nous,
ſur peine de 1500. liv. d’amende, ſuivant notre Arrêt du Conſeil du 8 Mai 1643. moitié à nous, & l’autre moitié auxdits
Gardes Horlogers.

MEMES STATUTS, Art. XXI.

IL ne ſera permis à aucun Maître ni Compagnon Orſévre
de Paris, ni autre, de ſe mêler de trafiquer ni vendre aucune
Beſogne d’Horlogerie, ſuivant & conformement à l’Arrêt de
notre Conſeil Privé, du 8 Mai 1643. ſur peine de 1500. liv.
d’amende, & de confiſcation des Ouvrages & Marchandiſes.

MEMES STATUTS, Art. XXIV *& dern.*

TOus Mouvemens ayant Pignons & Roues, allant par
Reſſort ou par Poids, ſeront faits par les Maîtres Horlogers, attendu que cela dépend de leur Art ; & pourront auſſi
leſdits Maîtres Horlogers avoir forge & fourneau en leurs
Boutiques & Lieu public, pour fondre & forger tout ce qui
dépend dudit art.

ARREST DU CONSEIL PRIVÉ DU ROI,
à Paris, du 11 *Septembre* 1671.

LE Roi en ſon Conſeil, faiſant droit ſur l’Inſtance, a
déclaré & déclare la ſaiſie faite ſur ledit Beauvais, [Maître Horloger] de la Boîte de Montre en queſtion, nulle,
lui en a donné main-levée, fait itératives défenſes auxdits
Maîtres & Gardes de l’Orſévrerie, d’entreprendre aucunes
viſites ſur leſdits Horlogers, ſous les peines portées par l’Arrêt du 8 Mai 1643, fait pareillement défenſes auxdits Maîtres Horlogers, de ſe ſervir d’autres que de Compagnons Horlogers pour la fabrique de leurs Boîtes, ſous les peines portées par l’Arrêt du Parlement du 15 Mai 1627. & auxdits
Maîtres & Compagnons Horlogers, de travailler à l’avenir

auxdites Boîtes, & aux autres Ouvrages d'or & d'argent, auxquels il leur eſt permis de travailler par les Arrêts & Réglemens, en autres lieux que dans des Boutiques, en Lieux publics & apparens, à peine auxdits Compagnons de Priſon, & auxdits Maîtres d'être d'échus de leurs Maîtriſes ; & en cas de contravention au préſent Arrêt, Sa Majeſté Ordonne qu'il y ſera pourvû par le Lieutenant de Police en première Inſtance, & par le Parlement en cas d'Appel : condamne leſdits Maîtres Jurés & Gardes de l'Orſévrerie au quart des dépens, &c....

SENTENCE DE POLICE,
du 6 Juillet 1677.

PArties oüies, lecture faite de l'avis du Procureur du Roi, dudit jour 26 Juin dernier, & autres pièces des Parties ; Nous diſons, ſans avoir égard à ladite Requête ſuſdatée, avons ledit avis du Procureur du Roi, confirmé ſelon ſa forme & teneur: Ce faiſant, Diſons que la Saiſie faite ſur ledit Forderain, [Maître Serrurier] à Paris d'un Tournebroche, eſt déclarée bonne & valable, & icelui confiſqué au profit deſdits Gardes-Viſiteurs Horlogers: Faiſons défenſes audit Forderain de plus à l'avenir faire de pareils Ouvrages, ni entreprendre ſur ledit Métier d'Horloger, ſur peine d'amende arbitraire, &c....

SENTENCE DE POLICE,
du 15 Décembre 1693.

PArties oüies, lecture faite de la Déclaration de ladite Veuve de Lorme, [Maîtreſſe Serruriere,] qu'elle ne faiſoit que nettoyer l'Horloge en queſtion, & qu'elle ne veut point entreprendre ſur le Métier des Horlogers ; en conſéquence lui a été fait défenſes de plus à l'avenir entreprendre ſur le Métier deſdits Maîtres Horlogers, ni permettre qu'on nettoye des Horloges dans ſa Boutique & qu'on y travaille, à peine de confiſcation & d'amende ; & pour l'avoir fait l'avons condamné aux dépens, &c....

SENTENCE.

SENTENCE DE POLICE,
du 2 Juin 1699.

NOus avons la faisie faite sur la Partie de Le Poupet, [Charles le Mire, Maître Horloger, Garnisseur d'Etuis & de Boîtes de Montres] déclarée bonne & valable, à la réserve des modèles propres à faire des Boîtes & Etuis de Montres, ornés & ouvragés, dont nous avons fait main-levée à la Partie de Le Poupet. Ce faisant, Ordonnons, que les choses faisies seront vendues au Bureau des Parties de Poisson, [les Jurés Gainiers] les deniers rendus à celle de Le Poupet, auquel nous avons fait défenses & à celles de Fouassier, [les Gardes-Visiteurs Horlogers.] Parties intervenantes, d'entreprendre sur le métier des Parties de Poisson. Avons maintenu l'une & l'autre Communauté dans le Droit de faire, enjoliver & orner des Etuis à Montres, sous la condition consentie par les Parties de Fouassier, que quand lesdits Horlogers voudront les faire couvrir de Cuir, ils les envoyeront chez l'une des Parties de Poisson, & seront tenus les uns les autres d'en tenir Registre.... & sera la présente Sentence insérée dans les Registres desdites deux Communautés, afin qu'ils n'en ignorent, &c.

Nota. *Il y avoit dans cette saisie des Etuis à Ciseaux, des Boîtes à Portraits & à Mouches.*

STATUTS *de* 1707. Art. V.

VOulons que conformément aux Réglemens des Arts & Métiers, il soit loisible à tous Maîtres de ladite Communauté de s'établir dans quelques Villes, Bourgs & Lieux que bon leur semblera de notre Royaume ; & notamment dans les Villes de Lyon, Rouen, Bourdeaux, Caen, Tours & Orléans ; & d'y exercer en toute liberté leur Profession, en justifiant par lesdits Maîtres de leur Réception à la Maîtrise dans notre Ville de Paris.

Nota. *Ce Droit ou Privilege accordé par cet Article de Statuts, aux Maîtres Horlogers de Paris, n'étoit ni nouveau ni particulier*

B

pour eux seuls. Il tire son origine de l'Edit de Henri III. à Paris en Décembre 1581. *Art. VI. regiftré en Parlement, le Roi y féant, le* 7 *Mars* 1583. *Par cet Article Sa Majefté ordonne : Que tous Artifans qui auront été reçus Maîtres dans la Ville de Paris, pourront aller demeurer & exercer leurs Métiers en toutes les Villes, Fauxbourgs, Bourgs, Bourgades & autres Lieux de fon Royaume, fans être pour ce tenus faire nouveau Serment efdites Villes & Lieux, mais feulement faire apparoir de l'Acte de leur Réception à la Maîtrife, & faire enregiftrer ledit Acte au Greffe de la Juftice ordinaire du Lieu où ils iront demeurer, foit Royale ou Subalterne.*

Henri IV. à faint Germain en Laye, a confirmé cet Edit, par un autre du mois d'Avril 1597. *Art. premier, Regiftré en Parlement le* 3 *Juillet fuivant. Par cet Article, le Roi ordonne : Que l'Edit du mois de Décembre* 1581. *fur tous & chacun les Arts & Métiers, de quelque qualité & efpèce qu'ils foient, fera exécuté, gardé, entretenu, & inviolablement obfervé de point en point felon fa forme & teneur, par tous les Lieux & endroits du Royaume, Terres & Seigneuries de fon Obeiffance, fans qu'il y foit, ni puiffe être par ci-après contrevenu, en quelque forte & manière que ce foit, &c.*

Louis XIV. à Verfailles, a confirmé ces deux Edits par un troifième du mois de Mars 1673. *regiftré en Parlement, le Roi y féant le* 23 *dudit Mois & An ; & en la Chambre des Comptes, le même jour. Par ce dernier Edit, Sa Majefte ordonne : Que les Edits des Mois de Décembre* 1581, *& Avril* 1597. *feront exécutés felon leur forme & teneur, &c.*

Malgré des autorités fi fortes & fi refpectables, il paroît, néanmoins, que les Corps & Communautés d'Arts & Métiers de la Ville de Rouen s'oppofent à l'exécution de ces Edits, lorfque des Marchands ou des Maîtres de Paris veulent s'y établir. Le nommé Louis-François Aléxandre, Marchand Bonnetier de Paris, ayant voulu fe retirer & ouvrir Boutique dans cette Ville, & en ayant été empêché, il fe pourvut au Confeil Privé du Roi, & en obtint un Arrêt du 7 *Décembre* 1696, *par lequel Sa Majefté a de nouveau ordonné : Que les Edits des mois de Décembre* 1581, *Avril* 1597, *& Mars* 1673. *feront exécutés felon leur forme & teneur : En conféquence que ledit Aléxandre & tous autres Marchands Bonnetiers reçus dans la Ville de Paris, pourront s'établir & ouvrir*

Boutique dans celle de Rouen, sur la simple représentation de leurs Lettres, lesquelles seront enregistrées au Baillage de cette Ville sans aucune difficulté. Enjoint Sa Majesté audit Bailli, ou à son Lieutenant Général, ensemble au Procureur de Sa Majesté dans ladite Jurisdiction, & à tous les Officiers qu'il appartiendra, de tenir la Main à l'exécution desdites Ordonnances, & du présent Arrêt, &c.

Ce premier Arrêt n'ayant rien produit, ledit Aléxandre en a obtenu un autre du même Conseil d'Etat Privé du Roi, du 12 Janvier 1697. Par ce second Arrêt, Sa Majesté en son Conseil faisant Droit sur la Requête dudit Aléxandre, sans avoir égard à l'opposition des Maîtres & Gardes Bonnetiers & Chapeliers de ladite Ville de Rouen, du 3 Janvier de la même année, a ordonné que les Edits & Déclarations du mois de Décembre 1581, Avril 1597, & Mars 1673. ensemble l'Arrêt dudit Conseil du 7 Décembre dernier, rendu en conséquence, seront exécutés selon leur forme & teneur: Ce faisant, que les Lettres de Maîtrise des Maîtres Bonnetiers de Paris, obtenues par ledit Louis-François Aléxandre, seront incessamment enregistrées au Greffe du Baillage de Rouen: Enjoint Sa Majesté, au Lieutenant Général, ou à son refus au Lieutenant Particulier, & plus ancien Conseiller suivant l'ordre du Tableau, de tenir la main audit enregistrement, à peine d'en répondre en leurs propres & privés noms: Permet Sa Majesté, audit Aléxandre, de s'établir, ouvrir Boutique, & faire librement son commerce en ladite Ville de Rouen, conformément auxdites Déclarations, Ordonnances, Réglemens & Arrêts: Fait défenses auxdits Maîtres & Gardes Bonnetiers & Chapeliers de ladite Ville & à tous autres de l'y troubler, à peine de 3000 livres d'amende, & de tous dépens, dommages & intérêts: Ordonne que le présent Arrêt sera exécuté, nonobstant toutes Oppositions faites ou à faire, dont si aucunes interviennent, Sa Majesté, s'en est réservé la connoissance en son Conseil, & icelle interdite à toutes ses autres Cours & Juges, &c.

Je ne sai quelle suite cette affaire a eû; mais il paroît par les deux Arrêts du Conseil d'Etat du Roi qui suivent, que, nonobstant tous les Edits & Arrêts ci-dessus, la Ville de Rouen seule, est présentement exceptée, pour ce Droit ou Privilège accordé aux Marchands & aux Maîtres de Paris, de pouvoir s'établir, ouvrir

Boutique & faire Commerce dans telles Villes du Royaume que l'on
leur semblera.

Par le premier de ces deux Arrêts, rendu à Compiegne le 30
Juillet 1738. Le Roi en son Conseil, conformément à l'avis des sieurs
Commissaires, a reçu les Maîtres & Gardes des Marchands Merciers-Drapiers unis, de la Ville de Rouen, & les Maîtres & Gardes
du Corps des Marchands Epiciers, Ciriers, Apoticaires, Bonnetiers
& Pelletiers, les Maîtres & Gardes de l'état & Art de l'Orfévrerie, les Maîtres Chirurgiens, & tous les autres Corps & Communautés d'Arts & Métiers de ladite Ville de Rouen, ensemble
les Maire & Echevins de la même Ville ; Parties intervenantes:
a reçu pareillement les Maîtres & Gardes du Corps de la Mercerie de Paris, les Maîtres & Gardes des six Corps des Marchands,
& les Prevôts en charge des Maîtres Chirurgiens de ladite Ville ;
Parties intervenantes. Et faisant Droit sur le tout, sans avoir égard
à l'intervention desdits Marchands & des Maîtres Chirurgiens de
Paris, ni aux demandes des nommés Cadieq, Pigeon & Dalibourg,
dont ils sont deboutés ; & sans s'arréter aux Arrêts de la Cour des
Monnoies de Paris, des 17 & 27 Juin 1733. a ordonné, que les
Statuts & Réglemens des Marchands Merciers-Drapiers unis, de
la Communauté des Orfevres, des Maîtres Chirurgiens de la
Ville de Rouen, & des autres Corps & Communautés de la même
Ville, seront exécutés selon leur forme & teneur ; en conséquence
qu'aucun Marchand ou Artisan de la Ville de Paris, ne pourra
s'établir dans celle de Rouen, sans auparavant y avoir fait Apprentissage & s'étre conformé aux Statuts & Réglemens de la Communauté dans laquelle il voudra entrer ; derogeant Sa Majesté, en
tant que de besoin est ou seroit, aux Edits & Déclarations des mois
de Décembre 1581, Avril 1597 & Mars 1673. Et pour l'exécution du présent Arrêt, seront toutes Lettres nécessaires expédiées, &c.

Et par le second Arrêt, du 23 Janvier 1742. le Roi a ordonné
que l'Edit du mois de Décembre 1581. sera exécuté selon sa forme
& teneur : En conséquence, permet Sa Majesté, à Louis-Benjamin
Vimont Du Taillis, Maître Coutellier de la Ville de Paris, de
s'établir, tant dans ladite Ville de Falaise, que dans telles autres
Villes & Lieux du Royaume que bon lui semblera, à l'exception de
la Ville de Rouen, pour y tenir Boutique ouverte & exercer sa

profeſſion de Maître Coutellier, ainſi que les autres Maîtres deſdites Villes, ſans être tenu de faire Chef-d'œuvre, ni de payer aucuns droits de Reception, &c.

MEMES STATUTS, Art. VI.

DÉfendons à tous Maîtres de ladite Communauté, de prêter leurs noms à aucuns Compagnons, Revendeurs & Revendeuſes, pour l'exercice de ladite Profeſſion, ſur peine de 150 livres pour la première fois ; dont 50 livres d'amende envers nous ; 50 livres au profit de la Communauté ; & 50 livres au Dénonciateur : Et en cas de récidive, d'interdiction de leur maîtriſe, s'il eſt ainſi jugé par le Lieutenant Général de Police. Défendons auſſi à tous Particuliers d'entreprendre ſur le Métier & Profeſſion deſdits Maîtres, ſur peine de pareille ſomme, applicable comme deſſus, & de confiſcation des ouvrages & uſtenciles ſervans à ladite Profeſſion, au profit de ladite Communauté.

MEMES STATUTS, Art. VII.

ET d'autant que les Maîtres Horlogers, ont la faculté, conformément à l'Article XVIII. du Réglement Général ſur le fait de l'Orfévrerie, du 30 Décembre 1679. de fondre & aprêter les matières d'or & d'argent, & qu'il ſeroit entièrement impoſſible d'arrêter le cours des fraudes & malverſations qui ſe commettent à ce ſujet, qu'en ôtant toute occaſion & prétexte aux faux Ouvriers de travailler dans les Lieux, ſoit Privilégiés ou prétendus tels : Ordonnons conformement à l'Arrêt de notre Conſeil du 18 Mars 1684. & à notre Déclaration du 28 Juin 1705. rendus au ſujet du Corps des Marchands Orfévres, & de la Communauté des Maîtres Graveurs de ladite Ville : Que tous Compagnons Horlogers, qui ſe ſont réfugiés dans les Cloîtres, Hôtels, Prieurés, Colléges, & autres Lieux, Clos, Privilégiés ou prétendus tels, & notamment dans l'enclos du Temple, de St Denis de la Chartre, de St Jean de Latran & de l'Abbaye St Germain, pour y travailler en or ou en argent, ou pour en faire négoce ; ſeront tenus huitaine après la publication des Préſentes, duement Regiſtrées en notre

Parlement de Paris *, de fortir defdits Lieux, & de fe retirer chez les Maîtres Horlogers de notredite Ville de Paris, à peine de Punition exemplaire : Leur défendons d'avoir des fourneaux dans lefdits Lieux , & de travailler en Chambre ni ailleurs, que chez lefdits Maîtres Horlogers. Permettons aux Gardes-Vifiteurs de ladite Communauté , de faire librement leurs Vifites dans lefdits Lieux Privilégiés ou prétendus tels : Défendons de leur apporter aucun trouble dans lefdites Vifites fous telles peines qu'il appartiendra, & en cas que lefdits Gardes-Vifiteurs , trouvent quelque contravention à leurs Statuts ou à ces Préfentes, ils en feront leur Rapport pardevant les Officiers du Châtelet , en la maniere accoutumée.

* *Ces Statuts y ont été regiftrés , le 6 Juillet 1709.*

MEMES STATUTS, Art. VIII. ET DERN.

VOulons au furplus que les Statuts, Articles & Ordonnances, concernant la Communauté defdits Maîtres Horlogers, Déclarations, Arrêts & Réglemens rendus en conféquence, foient exécutés felon leur forme & teneur.

STATUTS de 1719, Art. XIX.

AU furplus , les Statuts & Réglemens de ladite Communauté , feront exécutés felon leur forme & teneur.

PERMISSION PARTICULIERE DU ROI,
à Paris, du 29 *Avril* 1720.

IL eft permis, de l'avis de Monfeigneur le Duc d'Orleans, Régent, à tous les Maîtres Horlogers de Paris, de continuer à fabriquer, vendre & débiter des Montres à Boîtes d'or du Poids qu'il leur conviendra , & qu'elles pourront leur être demandées, fans que pour raifon de ce, il puiffe leur être imputé d'avoir contrevenu aux défenfes portées par la Déclaration du 18 Février dernier, ni aux précédentes Ordonnances de Sa Majefté, de la rigueur defquelles elle les a relevé & difpenfé, pour ce regard feulement & fans tirer à conféquence, &c.   *Signé* LOUIS : *Et plus bas,* PHELYPEAUX.

SENTENCE DE POLICE,
du 4 Janvier 1732.

PArties oüies, lecture faite de leurs Pièces, ensemble Noble Homme M^e De la Porte, Conseiller du Roi, & son premier Avocat en cette Cour, en ses conclusions, sans que les qualités puissent nuire ni préjudicier. Nous avons, les Parties de Duret, [les Jurés-Menuisiers-Ebénistes] reçues opposantes à notredite Sentence ; & celles de Sandrier, [les Gardes-Visiteurs Horlogers] intervenantes, & l'avis du Procureur du Roi infirmé. Au principal, avons la saisie faite à la Requête des Parties de Duret, déclaré valable ; néanmoins par grace, & sans tirer à conséquence, les choses saisies rendues. Disons que les Statuts & Réglemens des deux Communautés, seront exécutés. Permis aux Parties de Sandrier, & de De Labrosse, [le sieur N. Maître Horloger] de faire par eux-mêmes, les Boîtes de leurs Pendules, & dans le cas où ils ne les feront pas eux-mêmes, leur faisons défenses & à tous autres Horlogers, de les faire faire par d'autres que par des Maîtres-Menuisiers-Ebénistes, & de les faire faire, ni de les acheter d'aucun Ouvrier, sans qualité, &c.

Nota. Cette Sentence a été rendue sur une saisie faite par les Jurés Menuisiers-Ebénistes, d'une Boîte de Pendule que ledit sieur N. avoit acheté au Fauxbourg S. Antoine, chez un Ebéniste sans qualité, & que son Epouse faisoit porter en sa maison par un Crocheteur.

ARREST DU PARLEMENT,
du 7 Septembre 1743.

NOtredite Cour faisant Droit sur le tout, en tant que touche l'Appel interjetté par Pierre-Paul De Serre, de la Sentence du Châtelet du premier Septembre 1741, a mis & met l'appellation au néant, le condamne en l'amende de 12 livres : en tant que touche l'Appel de la même Sentence interjettée par les Gardes-Visiteurs en charge de la Communauté des Horlogers à Paris, a mis & met l'appellation & ce dont a été appellé au néant ; émandant ordonne que les deux Pendules exposées en vente sur la Place du Pont S. Michel , & dont est question, demeureront confisquées & seront vendues au profit de la Communauté des Horlogers , à les remettre aux Gardes-Visiteurs de ladite Communauté, le Gardien contraint, quoi faisant déchargé. Ordonne que les Statuts des Horlogers du 20 Février 1646. Regiftrés en notredite Cour, & notamment l'Art. XVII. desdits Statuts seront exécutés. En conféquence, fait défenses à tous Huissiers ou Sergens, de priser ni vendre aucuns ouvrages d'Horlogerie, s'ils ne font partie d'inventaire, & qu'ils n'ayent été prisés d'un Maître Horloger de cette Ville, sur peine à l'Huissier ou Sergent de 100 livres d'amende, &c.

SENTENCE DE POLICE,
du 29 Janvier 1745.

NOus, après qu'il en a été délibéré sur les Pièces & Dossiers des Parties, sans s'arrêter à la demande des Parties de Trahan , [les Gardes-Visiteurs Horlogers] dont nous les avons déboutés: Ordonnons que les Statuts & Réglemens de la Communauté des Fayanciers-Emailleurs , Parties de Douceur, feront exécutés selon leur forme & teneur , maintenons lesdites Parties & les gardons dans le Droit & Posseffion où ils font d'émailler des Cadrans & autres Ouvrages dudit métier paffant par le feu & fourneau. Faifons défenses auxdites Parties de Trahan, de les y troubler fous telles peines qu'il appartiendra ; déclarons les faifies faites par lesdites Parties de Trahan, par Procès-Verbaux du 19 Septembre 1743.....nulles, en conféquence, ordonnons que la main-levée provifoire donnée par notre Ordonnance du 2 Octobre 1743. demeurera définitive , & que les effets réfervés par ladite Ordonnance leur feront rendus & reftitués, à ce faire les Gardiens contraints, même par Corps, quoi faifans déchargés: Maintenons & gardons les Parties de Trahan, dans le Droit & Posseffion d'émailler les Cadrans & autres ouvrages de leur Profeffion d'Horlogerie , en y travaillant ou faifant travailler dans leurs Boutiques & maifons conformément aux Réglemens : Faifons pareillement

reillement défen es aux Fayanciers–Emailleurs de les y troubler, fous telles peines qu'il appartiendra, &c.

ARREST DU CONSEIL D'ÉTAT DU ROI,
à Fontainebleau, du 2 Novembre 1745.

SA Majefté en fon Confeil, fans s'arrêter à l'Oppofition formée par aucuns des Maîtres Modernes & Jeunes de la Communauté des Horlogers à Paris, à l'éxécution de l'Arrêt du Confeil du 17 Juillet 1744. ni à leurs Demandes à fins de nouveaux Réglemens portés par leurs Requêtes, dont Sa Majefté les a déboutés & déboute, a Ordonné & Ordonne, que ledit Arrêt du Confeil du 17 Juillet 1744. enfemble les Statuts de la Communauté des Maîtres Horlogers des années 1646, 1707, & 1719. la Sentence en forme de Réglement rendue en la Chambre de Police du Châtelet de Paris, le 29 Mai 1685. les deux Sentences rendues en la même Chambre, les 29 Janvier & 14 Mai 1734. l'Arrêt contradictoire du Parlement, du 3 Mars 1736, & les autres Réglemens concernans ladite Communauté, feront éxécutés felon leur forme & teneur : Veut Sa Majefté, qu'il foit procédé chaque année à l'Election des Gardes–Vifiteurs, en la manière accoutumée, nonobftant toutes Oppofitions faites ou à faire : Fait Défenfes aux fieurs.... & Conforts, [au nombre de 85, favoir deux Anciens, quarante-fept Modernes & trente-fix Jeunes,] ainfi qu'à tous autres Modernes & Jeunes, de troubler la Communauté, de former à l'avenir aucunes Demandes, ni faire aucunes Procédures en Nom Collectif; Condamne lefdits ... & Confors folidairement en 1000 livres de Dommages & Intérêts envers les Gardes-Vifiteurs, pour leur tenir lieu de Dépens, &c.

Nota. Les Demandes des Modernes & des Jeunes à fins de nouveaux Réglemens portées par les deux Requêtes qu'ils avoient préfentés au Confeil, & dont ils ont été Déboutés par cet Arrêt, confiftoient en quatorze Chefs ou Articles; Savoir :

10. Qu'il foit procédé à l'Election de quatre Gardes-Vifiteurs,&c.

2°. Que le quart des Maîtres Modernes & le quart des Jeunes feront mandés aux Affemblées pour l'Election des Gardes-Vifiteurs,

3°. *Qu'à chaque Election, il sera choisi deux Maîtres dans le nombre des Modernes, pour être Gardes-Visiteurs.*

4°. *Que dans toutes les Assemblées faites au Bureau, il y sera mandé dix Modernes & dix Jeunes.*

5°. *Qu'il ne sera reçu aucun Maître, qu'il ne soit Apprenti de Ville & n'ait fait Chef-d'œuvre ; & que dans le cas où il seroit reçu des Maîtres sans qualité par des raisons particulières & imprévues, leurs Enfans, s'ils en ont, ne pourront jouir des Priviléges de fils de Maîtres, ni d'Apprentis de Ville, & seront tenus de payer tous les Droits comme les Apprentis ordinaires ; ce qui aura même lieu à l'égard de ceux qui auront été reçus avant l'Arrêt de Réglement qui doit intervenir.*

6°. *Que les Gardes-Visiteurs seront tenus de se faire représenter par les Aspirans à la Maîtrise leurs Extraits Baptistaires, pour connoître s'ils sont Catholiques Apostoliques & Romains.*

7°. *Qu'il sera defendu aux Gardes-Visiteurs alors en charge de percevoir autres Droits que ceux marqués par les Statuts, sur peine de restitution du quadruple & de 500 livres d'amende: Qu'en conséquence il sera permis à ceux qui pourroient avoir connoissance de pareilles Concussions pratiquées de la part desdits Gardes-Visiteurs, de les Dénoncer, pour en être Ordonné par M. le Lieutenant Général de Police, ce qu'il appartiendra.*

8°. *Que les Gardes-Visiteurs seront tenus, aussitôt qu'ils auront un fonds de 2000 livres, d'en faire Emploi.*

9°. *Que les Gardes-Visiteurs ne pourront faire les Rôles de la Capitation & de l'Industrie, qu'en la présence de dix Anciens, dix Modernes & dix Jeunes.*

10°. *Que les Gardes-Visiteurs seront tenus de faire éxactement des Visites pour empêcher les faux Ouvriers, sur la simple Dénonciation qui leur en sera faite par l'un des Modernes ou des Jeunes ; & faute par eux d'y satisfaire, permis auxdits Modernes & Jeunes de faire ces Visites accompagnés d'un Commissaire, & sur le Procès-Verbal de saisie qui sera rapporté aux Gardes-Visiteurs, enjoint à eux d'en faire les poursuites nécessaires.*

11°. *Que la Communauté sera fixée au nombre de 320. & que lors des places vacantes, les fils de Maîtres seront préférés aux Apprentis.*

12°. *Qu'à l'égard des Droits de Présence attribués aux Mo-*

dernes & aux Jeunes par les Statuts, ils s'en rapportent à ce qu'il plaira à Sa Majesté de les fixer.

13°. Qu'il plaise à Sa Majesté les recevoir Opposans à l'Arrêt du Conseil du 17 Juillet 1744. Ce faisant, casser & annuller la Réception à la Maîtrise des quatre Maîtres reçus sans qualité en vertu dudit Arrêt : Ordonner à cet effet, qu'ils feront rayés des Registres de la Communauté & tenus de rapporter leurs Lettres de Maîtrise, avec Défense de s'immiscer en aucune manière que ce soit dans les fonctions de l'Horlogerie.

14°. Et à l'égard des Gardes-Visiteurs alors en Charge, les condamner à rendre & restituer les sommes par eux perçues desdits Maîtres sans qualité, & pour avoir contrevenu aux Réglemens de la Communauté, les condamner solidairement en 500 livres d'amende : Ordonner qu'ils feront destitués de leurs places de Gardes-Visiteurs, & privés des Honneurs & Droits utiles de la Communauté : Qu'à cet effet il sera procédé à l'Election de quatre nouveaux Jurés, dont un sera pris dans le nombre des Anciens, & les trois autres dans celui des Modernes, à tour de Rôle, suivant l'ordre du Tableau, &c....

ARREST DU PARLEMENT,
du 5 Août 1746.

NOtredite Cour faisant Droit sur le tout, sans s'arrêter aux Demandes des Gardes de la Communauté des Maîtres Horlogers de Paris, Jean-Baptiste Rogier & Pierre Cloteau, concernant les Appels par eux interjettés des Sentences de Police du Châtelet du 29 Janvier 1745. ayant égard à celles des Jurés & Communauté des Marchands Fayanciers de Paris... a mis & met les appellations au néant, Ordonne que ce dont a été appellé, sortira son plein & entier effet, &c....

SENTENCE DE POLICE,
du 21 Avril 1747.

PArties oüies, Nous après qu'il en a été délibéré sur les Pièces & Dossiers des Parties, recevons les Directeurs de l'Académie de Peinture & Sculpture, Parties de Regnard, Par-

ties intervenantes en la caufe ; faifant Droit fur leur intervention, & en principal fans s'arrêter aux Demandes des Parties
de Douceur, [les Jurés Fayanciers] faifons main-levée à Jacques Décla, Maître Peintre en Email à Paris, autre Partie de
Regnard, de la faifie fur elle faite à la Requête des Parties de
Douceur, par Procès-verbal du 6 Août 1746. En conféquence,
Difons, que toutes les chofes faifies & mentionnées audit Procès-Verbal, lui feront rendues & reftituées, à ce faire, les Gardiens contraints, quoi faifant déchargés : Maintenons lefdites
Parties de Regnard, dans le Droit & Poffeffion de faire con-
curremment avec les Parties de Douceur, les Cadrans en
Email, &c.

ARREST DU PARLEMENT,
du 20 Janvier 1749.

NOtredite Cour faifant Droit fur le tout … fur l'Appel interjetté par lefdits Jurés & Communauté des Maîtres
Menuifiers, de la Sentence de Police du 4 Janvier 1732. fans s'arrêter à leur Demande concernant ledit Appel porté par Requête du 17 Juin 1748. dont ils font Déboutés, a mis & met
l'Appellation au néant ; Ordonne que ce dont eft Appel fortira
fon plein & entier effet : En conféquence ayant aucunement
égard aux Oppofitions & Demandes de la Communauté des
Maîtres Horlogers de Paris, concernant les Articles XIII,
XXXII & XLII defdits nouveaux Statuts des Menuifiers-Ebé-
niftes : Ordonne conformement à ladite Sentence du 4 Janvier 1732. que les Statuts & Réglemens des deux Communautés feront éxécutés ; Ce faifant, Permet auxdits Horlogers
de faire par eux-mêmes les Boîtes des Pendules, & dans le cas
où ils ne les feront pas par eux-mêmes, leur fait défenfes de les
faire faire par d'autres que par des Maîtres Menuifiers-Ebé-
niftes de cette Ville, & de les faire faire, ni de les acheter
d'aucuns Ouvriers fans qualité, à pèine de Saifie & Confifcation
& de telle Amende qu'il appartiendra : Sur le furplus des autres
Demandes, fins & Conclufions à cet égard, met les Parties
hors de Cour ; Condamne lefdits Menuifiers en l'Amende de
12 livres & en tous les Dépens, des caufes d'Appel, Oppofition

& Demandes envers lefdits Horlogers... au furplus, Ordonne qu'il fera procédé & paffé outre, fi faire fe doit, à l'enregiftrement des Lettres-Patentes obtenues par lefdits Maîtres Menuifiers, portant confirmation de leurfdits nouveaux Statuts en la manière accoutumée & aux charges portées par le préfent Arrêt, lequel fera imprimé & tranfcrit fur les Regiftres du Corps de la Mercerie & defdites Communautés des Menuifiers, Fondeurs, Horlogers & Miroitiers ; fur le furplus de toutes les autres Demandes, fins & Conclufions, met les Parties hors de Cour & de Procès, &c.

ARREST DE LA COUR DES MONNOIES,
du 16 Octobre 1751.

NOtredite Cour a autorifé & autorife les Gardes-Vifiteurs en Charge du Corps & Communauté des Maîtres Horlogers de la Ville & Fauxbourgs de Paris & leurs Succeffeurs en ladite qualité, à faifir & enlever chez les Maîtres de leur Communauté les Ouvrages d'or & d'argent de leur Profeffion qu'ils trouveront en contravention aux Ordonnances & Réglemens Concernant le Titre & les Marques defdits Ouvrages, & ce, fans être affiftés d'Officiers de Juftice à la charge par eux de dreffer fur le champ Procès-verbal de leur Saifie, & des contraventions qu'ils auront trouvés concernant lefdits Ouvrages & Matières d'or & d'argent, lequel Procès-verbal ils feront tenus de faire figner par la Partie Saifie ou par ceux en préfence defquels elle fera faite, dont feront interpellés & en cas de refus en feront mention ; & encore à la charge d'enfermer les Ouvrages faifis dans un Paquet qu'ils feront tenus de faire cacheter auffi fur le champ du Cachet de ladite Partie faifie, ou de l'un de ceux en préfence defquels ladite Saifie aura été faite & qui auront figné ledit Procès-verbal, pour icelui avec les chofes Saifies être par eux apportés au Greffe de notredite Cour dans les 24 heures après qu'elle aura été faite : Autorife pareillement lefdits Gardes-vifiteurs & leurs Succeffeurs en ladite qualité, à emporter de chez les Maîtres de leur Communauté, les Ouvrages d'or & d'argent, & les Matières qu'ils trouveront préparées pour lefdits Ou-

vrages qu'ils fufpecteront de défectuofité dans le Titre, à l'effet d'en être fait Effai par l'Effayeur général des Monnoies, que
notredite Cour a commis à cet effet, qui ne pourra prendre
plus de fix grains d'or & douze grains d'argent pour ledit
Effai, à la charge par eux de dreffer fur le champ Procès-
verbal de ce qu'ils emporteront en la même forme & manière que deffus, & de faire faire ledit Effai dans les 24 heures dudit Procès-verbal, pour fur le Bulletin d'Effai, être lefdits Ouvrages & matières qui n'auront point été trouvés au
Titre apportés au Greffe de notredite Cour avec le Procès-
verbal de Saifie, ou être par eux rendus dans le jour à ceux
fur qui ils auront été enlevés, fi par le Bulletin d'Effai lefdits Ouvrages ou matières fe font trouvés au Titre, auquel
cas ils feront feulement tenus de remettre au Greffe de notredite Cour, leur Procès-verbal & leur Bulletin d'Effai, pour
juftifier de leur conduite, &c....

TITRE SECOND.

EXEMPTION
DE TOUTES LETTRES
DE MAÎTRISE
POUR JOYEUX AVENEMENT DU ROI A LA COURONNE;

LETTRES-PATENTES EN FORME D'ÉDIT DE LOUIS XIV. à Paris, en Novembre 1652.

Louis par la grace de Dieu, Roi de France & de Navarre, à tous préfens & à venir, Salut. Quoique les Rois nos pré-déceffeurs n'ayent perpetuellement rendu leurs intentions favorable aux vœux de leurs Sujets, qu'autant qu'ils étoient réduits fous la Juftice des foumiffions capables de mériter l'honneur de leurs Bienveillance ; Nous avons, toutefois, dès notre Avénement à la Couronne, pratiqué les maximes d'une Politique moins rigoureufe, puifque nos Peuples en général, ont reffenti les effets de nos graces dans la confirmation de leurs Priviléges, avant qu'ils en euffent prefque fait la Demande, & que les Particuliers fe font infenfiblement vûs élevés au point d'une quiétude qu'ils n'ofoient auparavant efpérer. La néceffité des intelligences honnêtes de quelques Négocians, les adreffes de quelques Perfonnes attachées à la curiofité des Méchaniques, & les Ouvrages ingénieufement faits de quelques Artifans, nous ont obligé de les exempter de nos Lettres de Maîtrifes, concédées, foit en faveur de Mariage, de Naiffance d'Enfans de France, d'Entrée en nos Villes, ou pour autres confidérations importantes à notre Etat : mais parce que l'expérience nous a fait connoître, depuis notre heureux retour en notre bonne Ville de Paris, que l'Art de l'Horlogerie eft infiniment au-delà de ceux que nous avons bien voulu gratifier, que par l'application d'un Mouvement inconnu, il fait découvrir les dégrés du Soleil, le cours de la Lune, les effets des Aftres, la difpofition des Momens, des Secondes, des Minutes, des Heures, des Jours, des Semaines, des Mois & des Années, les productions des Métaux, les qualités des Minéraux, & que toutes les Sciences contribuent unanimement au fuccès favorable de fes Objets : Que le coup d'une Horloge adroitement difpofé, préferve la perfonne d'un Malade des attaques funeftes de fes douleurs, quand le Remède lui eft proportionnément donné à l'heure prefcrite par le Médecin ; Qu'une Bataille fe trouve ordinairement au point de fa gloire, par le fecours d'un jufte Réveille-matin ; & que l'invention de la Montre doit effectivement paffer pour le principal mobile du Repos, de la Douceur, & de la Tranquillité des Hommes. Nous eftimons auffi, qu'il eft bien raifonnable d'empêcher que dorénavant Nuls ne fe puiffent faire admettre audit Art, que ceux qui auront été réduits fous la difcipline d'un Apprentiffage, d'un Chef-d'œuvre conditionné, & d'une Expérience judicieufement impofée, puifque même, les Maîtres jufqu'à préfent reçus en notredite Ville, fe font rendus fi habiles, que leur induftrie furpaffe de beaucoup celle des Etrangers, tant en la beauté de leurs Ouvrages, qu'en la bonté, qu'ils fe font particulièrement étudiés d'y garder, dont nous tirons un avantage de fi grande conféquence, que les plus confidérables de notre Cour, les Marchands, & tous nos Peuples, ont perdu le défir d'en rechercher ailleurs, & par ce moyen le tranfport de nos monnoies ne fe fait plus maintenant dans les Pays éloignés, comme il fe faifoit ci-devant. C'eft pourquoi, les Maîtres Horlogeis de notredite bonne Ville, Fauxbourgs & Banlieue de Paris, Nous ayant préfenté Requête en notre Confeil, à ce qu'il Nous plût leur octroyer nos Lettres néceffaires, pour en leur faveur interdire lefdites Lettres de Maîtrifes : Nous, avant leur faire Droit, l'aurions par Arrêt du 21 Novembre 1651.

renvoyé

renvoyé au Prévôt de Paris, ou son Lieutenant Civil, afin de nous donner son Avis sur les conclusions d'icelle, qu'il auroit délivré le 3 Décembre en suivant, tel que nous pouvions le désirer, pour leur concéder nosdites Lettres, avec plus grande connoissance de cause. A Ces Causes, & pour plus étroitement obliger lesdits Maîtres Horlogers, en la continuation de leurs premieres adresses, d'exceller en leur Art, d'en pousser les avantages à un tel point, que les Etrangers se voyent frustrés de l'espérance de les égaler, & pareillement éviter les abus qui se pourroient trop souvent glisser, si toutes sortes de personnes y étoient admises sans l'usage de quelques précautions très-exactes ; de l'Avis de notredit Conseil, qui a vû la Requête desdits Exposans, ledit Arrêt du 21 Novembre 1651. & l'Avis dudit Lieutenant Civil, du 3 Décembre en suivant, le tout ci-attaché sous le Contre-Scel de notre Chancellerie ; Nous avons, par ces Présentes signées de notre Main, & de notre grace spéciale, pleine Puissance & Autorité Royale, Dit & Ordonné, Disons & Ordonnons, qu'à l'avenir, nos Edits, & Lettres de Maîtrises octroyées en faveur de Mariage, Naissance d'Enfans de France, Couronnemens, Entrées dans nos Villes, & pour toutes autres occasions, prétextes, & causes généralement quelconques, n'auront lieu ni effet pour ledit Art d'Horlogerie, & n'en seront expédiées ni délivrées aucunes par nos Chancelier & Garde nos Sceaux de France, ce que nous interdisons & deffendons ; & à cet effet avons ledit Art d'Horlogerie, excepté & réservé de l'exécution des Edits faits & à faire par Nous & les Rois nos Successeurs, pour la création des Maîtrises en l'étendue de notre Royaume, sur quelque sujet que se puisse être...... Voulons au contraire, que Nul ne puisse tenir Boutique ouverte, ni travailler dudit Art, en notredite Ville, Fauxbourgs & Banlieue d'icelle, qu'il n'ait auparavant fait Apprentissage, Chef-d'œuvre & Expérience, conformément aux Statuts ; Cassant & Révoquant dès à-présent, comme pour lors, toutes Lettres de Maîtrises qui pourroient être expédiées par surprise ou autrement, au préjudice desdites Présentes, & Défendons à tous nos Juges d'y avoir aucun égard. Si Donnons en Mandement à nos Amés & Féaux Conseillers les Gens tenant notre Cour de Parlement à Paris, Prévôt dudit Lieu, ou fon Lieutenant Civil, & à tous nos autres Jufticiers & Officiers qu'il appartiendra, que cefdites Préfentes ils ayent à faire enregiftrer, garder & obferver inviolablement, & du contenu en icelles jouir & ufer lefdits Maîtres Horlogers, pleinement & paifiblement, ceffant & faifant ceffer tous troubles & empêchemens au contraire, & à ce, faire Contraindre & Obéir tous ceux que befoin fera, nonobftant Oppofitions ou Appellations quelconques, Statuts, Priviléges, Ordonnances, & Lettres au contraire, auxquelles & aux Dérogatoires des Dérogatoires y contenues, Nous avons Dérogé & Dérogeons par cefdites Préfentes : Car tel eft notre plaifir ; & afin que ce foit chofe ferme & ftable, Nous avons fait mettre notre Scel à ces Préfentes, &c.

Nota. Quoique ces Lettres ayent été Regiftrées en Parlement le 30 Janvier 1654. pour être exécutées felon leur forme & teneur, elles n'ont néanmoins eû aucun effet dans ces derniers temps : c'eft-a-dire en 1723 & 1725. où il fut créé & delivré vingt-huit Lettres de Maîtrifes pour les Horlogers, en faveur du Joyeux Avénement du Roi à la Couronne & de fon Mariage. Il eft vrai qu'il paroît qu'il y manquoit une formalité effentielle pour les faire valoir, e'eft de ne les avoir pas fait renouveller & confirmer par Sa Majefté au commencement de fon Régne ; & il faut encore dire, que la Communauté ne les connoiffoit point, n'en reftant aucuns veftiges dans fes Archives, & que je fuis le feul qui en ait une Copie imprimée, que mes Ancêtres ont confervée & que j'ai trouvée dans leurs Papiers. C'eft fur cette Copie que je donne la Préfente ; tant pour faire revivre ces Lettres, dans l'occafion, s'il étoit poffible, que pour conferver la Mémoire du Magnifique Eloge que Louis XIV. y fait de l'Art de l'Horlogerie. Il n'eft pas le feul de nos Rois qui en ait parlé fi honorablement. François I. dans fes Lettres-Patentes du mois de Juillet 1544. y marque : que l'Invention des Horloges a été trouvée pour vivre & fe conduire en règle & ordre de Vertu. Si dans ces temps, on parloit fi avantageufement de notre Art, dont les Productions du Génie & les Ouvrages étoient fi peu de chofes en comparaifon de ce qu'ils font aujourd'hui, quel Eloge n'en faudroit-

il donc pas faire à présent, si on vouloit leur rendre la Justice qu'ils méritent par le degré de perfection où ils sont ; mais ce n'est point ici le Lieu de traiter de cette matière, il faut revenir à celle qui fait notre Objet.

TITRE TROISIÉME.

FACULTÉ DE TRAVAILLER

ET VENDRE

LES MATIERES ET OUVRAGES D'OR ET D'ARGENT

DE LA PROFESSION.

SENTENCE RENDUE SUR PRODUCTION
EN LA CHAMBRE DU CONSEIL DU CHASTELET,
du 11 Décembre 1624.

NOus Difons, oüi fur ce, le Procureur du Roi.... que lefdits Maîtres Horlogers, font maintenus & gardés au Droit de pouvoir faire toutes fôrtes de Boîtes d'Or & d'Argent de Montres, pour leurs Ouvrages feulement...Défenfes à eux d'employer aucuns Compagnons Orfévres pour faire lefdites Boîtes, à peine de Confifcation, & de 40 livres parifis d'amende, &c.

ARREST DU PARLEMENT,
du 15 Mai 1627.

NOtredite Cour... a Maintenu & gardé, Maintient & garde lefdits Maîtres Horlogers, au Droit de pouvoir faire toutes fortes de Boîtes d'Or & d'Argent pour leurs Montres Sonnantes & autres de leurs Ouvrages .... fait Défenfes aux-

dits Maîtres Horlogers, &c... & d'employer des Compagnons Orfévres pour faire lefdites Boîtes.... condamne lefdits
Gardes Orfévres ès Dépens de ladite caufe d'Appel, fans
autres Dépens, &c.

ARREST DU CONSEIL D'ÉTAT PRIVÉ DU ROI,
     à Paris, du 8 Mai, 1643.   Page 5.

STATUTS de 1646. Art. XIX. Page 6.

ARREST DU CONSEIL PRIVE' DU ROI,
     à Paris, du 11 Septembre 1671.   Page 7.

*RE'GLEMENT GE'NE'RAL DU CONSEIL
     D'ETAT DU ROI, à Saint Germain en Laye,
     du 30 Décembre 1679.* Art. XVII.

SEront lefdits Arrêts & Réglemens concernant l'Orfévrerie, exécutés de point en point felon leur forme & teneur; & en ce faifant, feront tant lefdits Orfévres que les
Fourbiffeurs, Horlogers, Fondeurs & autres qui employent
les Matières d'or & d'argent, tenus de faire leurs Ouvrages
au Titre & dans les Remèdes portés par les Ordonnances. Enjoint à tous Artifans employés à travailler la Vaiffelle & autres Ouvrages d'or & d'argent, de travailler en Boutique...
& feront les Délinquans, tant au Titre que pour le défaut
de Marque & de la Contre-marque, condamnés en 50 liv.
d'amende pour la premiere fois, outre la confifcation des
Ouvrages; en 100 liv. pour la feconde fois; & feront
interdits de la Maîtrife à la troifième fois, fans que lefdites
Peines puiffent être remifes ni modérées fous quelque prétexte
que ce foit.

MESME RE'GLEMENT, Art. XVIII.

SEront lefdits Orfévres, Horlogers, Fondeurs, Fourbiffeurs, & autres qui employent lefdites Matières, tenus,
fuivant l'Article VIII. de l'Ordonnance de 1506. & l'Art.

X. du Réglement du mois de Mars 1554. d'avoir leurs Forges & Fourneaux fcellés en plâtre dans leurs Boutiques, & fur Rue : Défenfes à eux, à peine de Punition exemplaire, de fondre & de travailler ailleurs qu'en leurfdites Boutiques, fous quelque prétexte que ce foit, & aux heures portées par les Ordonnances.

STATUTS de 1707. *Art.* VII. *Pag.* 13.

ARREST DU CONSEIL D'ETAT DU ROI,
à Verfailles, du 12 *Février* 1723.

LE Roi en fon Confeil, ayant égard à ladite Requête, a Permis & Permet à la Communauté des Maîtres Horlogers de Paris, de vendre & débiter ce qui leur refte de Boîtes de Montres, Chaînes, Crochets & Cuvettes d'or, &c...

ARREST DE LA COUR DES MONNOIES,
du 28 *Juin* 1743.

APrès que Thomas, Avocat pour lefdits.... & pour lefdits Maîtres & Gardes des Horlogers; Merlet, Avocat pour lefdits Maîtres & Gardes de l'Orfévrerie; enfemble, Gouault pour notre Procureur Général, ont été Oüis pendant deux Audiences : Notredite Cour, ayant aucunement égard aux Requêtes des Parties, Ordonne, &c.... & cependant que..... celles de Merlet, continueront de Marquer les Chaînes & les Crochets d'or & d'argent, qui leur feront préfentés par les Maîtres Horlogers, lorfqu'ils fe trouveront au Titre prefcrit par les Ordonnancs, &c....

TITRE QUATRIÉME.

DÉFENSES AUX GARDES ORFÉVRES

DE FAIRE DES VISITES

CHEZ LES MAIT^{res} HORLOGERS

A PEINE DE 1500 liv. D'AMENDE.

ARREST DU CONSEIL D'ETAT PRIVÉ DU ROI,
à Paris, du 8 Mai 1643.   Page 5.

STATUTS de 1646. Art. XIX.   Page 6.

ARREST DU CONSEIL PRIVÉ DU ROI,
à Paris, du 11 Septembre 1671.   Page 7.

ARREST DU CONSEIL D'ETAT DU ROI,
à Paris, du 5 Mai 1722.

LE Roi en son Conseil, faisant droit sur le tout, a Ordonné & Ordonne, que les Maîtres Horlogers seront
tenus de porter leurs Ouvrages d'or & d'argent au Bureau
de la Maison commune des Orfévres, pour y être les Essais
faits par lesdits Orfévres au Grattoir, sur toutes les parties
de chaque Boîte, en en levant jusqu'à la concurrence de six
grains, qui seront rendus aux Horlogers en payant 40 sols
pour tous Droits, conformément à l'Art. VII. de la Déclaration du 23 Novembre 1721. pour après lesdits Essais faits

& reconnus au Titre, être les Ouvrages Marqués du Poinçon de la Maison commune, & de celui du Fermier, à ce
deſtinés, ſans néanmoins que leſdits Maîtres & Gardes de l'Orfévrerie puiſſent aller en Viſite chez leſdits Horlogers,
qui continuront d'être Viſités par les Maîtres & Gardes de
leur Métier, &c....

ARREST DE LA COUR DES MONNOIES,
du 20 *Mars* 1741, Art. IV.

NE pourront leſdits Maîtres Horlogers, vendre, débiter, ni expoſer en Vente aucunes Boîtes de Montres,
ni autres Ouvrages de leur Profeſſion, en or ou en argent,
qu'ils ne ſoient au Titre preſcrit, & marqués de leur Poinçon,
& du Poinçon de Contre-marque des Orfévres.. Eſſai préalablement fait par les Gardes Orfévres, leſquels ne pourront,
cependant ſous ce prétexte, ni pour quelque cauſe que ce
ſoit, entreprendre aucune Viſite ni inſpection ſur leſdits Maîtres Horlogers ; mais ſeront tenus leſdits Gardes Orfévres,
de Marquer leurs Ouvrages s'ils les trouvent au Titre ci-deſſus
preſcrit, & qu'il leur apparoiſſe ſur iceux du Poinçon du Maître Horloger qui les aura fabriqués, ſauf à les rompre & rendre
à ceux qui les auront apportés, ſi, par l'Eſſai, ils ne les ont
pas trouvés au Titre.

TITRE V.

TITRE CINQUIEME.

LIEUX CLOS ET PRIVILÉGIÉS

OU PRETENDUS TELS,

PROHIBÉS A CEUX QUI FONDENT

ET QUI TRAVAILLENT

OU FONT NÉGOCE ET COMMERCE

DE MATIE'RES ET OUVRAGES D'OR ET D'ARGENT.

STATUTS de 1707, Art. VII. Page 13.

DECLARATION DU ROI,
à Paris, du 23 Novembre 1721. Art. **X.**

DÉfendons aussi à tous Orfévres, Joyailliers, Tireurs & Batteurs d'or & d'argent, & autres employans lesdites Matières, de travailler dans des Monastères & autres Lieux Clos, ainsi que dans les Lieux Privilégiés ou Prétendus tels, si ce n'est en nos Galeries du Louvre, sous peine de 3 ans de Galères.

ARREST DE LA COUR DES MONNOIES,
du 20 Mars 1741. Art. VII.

NE pourront lesdits Maîtres Horlogers, demeurer dans aucuns Cloîtres, Hôtels, Prieurés, Colléges ou autres Lieux Clos, Privilégiés ou Prétendus tels ; est pareillement Défendu aux Compagnons dudit Métier, & à tous autres sans qualité, de s'y réfugier pour y travailler en Matières d'or &

E

d'argent, des Ouvrages d'Horlogerie, ou pour en faire Commerce ; & leur est enjoint de sortir desdits Lieux, & de se retirer chez les Maîtres, 15 jours après la Publication du présent Arrêt : Le tout, sous les Peines portées par les Ordonnances, & Notamment par l'Article X. de la Déclaration du Roi du 23 Novembre 1721.

TITRE SIXIÉME.

LIEU ET HEURES DU TRAVAIL
POUR CEUX QUI FONDENT
DES MATIERES D'OR ET D'ARGENT
ET QUI FABRIQUENT DES OUVRAGES DE CES MATIERES.

STATUTS de 1544, Art. VIII.

LEsdits Maîtres ne pourront Besogner audit Métier , s'ils ne tiennent Boutique & Ouvroir ouvert , répondant sur Rue publique.

Nota. Le Travail en Boutique Ouverte répondant sur Rue publique , ordonné par cet Article , ne laisse presque point à douter , que les Maîtres Horlogers ne travaillassent en Matières d'Or & d'Argent , pour faire leurs Boîtes de Montres & Horloges , dès & avant l'année 1544. *Car pourquoi cet article de Statuts, s'ils n'eussent point employé ces Matières pour leurs Ouvrages? On sait assez qu'une pareille Ordonnance n'a jamais été que pour ceux qui ont le Droit de Fondre & de Fabriquer l'Or & l'Argent ; aussi ne la trouve-t'on dans aucuns Statuts de Communautés , que dans ceux des Orfévres , & autres , qui comme eux jouissent également de ce Droit.*

La Marque , pareillement Ordonnée par l'Article XI. de ces mêmes Statuts qu'on verra ci-après au Titre IX, pour marquer les Ouvrages que les Maîtres Horlogers feront , sert encore de Preuve à ce que l'on avance ici. Cette Marque qu'il falloit déclarer , c'est-à dire , faire connoître aux Gardes-Visiteurs , n'étoit & ne

E ij

pouvoit être autre chose qu'un Poinçon, qui certainement n'étoit destiné qu'à marquer des Ouvrages de Matières d'Or & d'Argent, ainsi qu'il a toujours été d'usage pour les Orfèvres, comme pour tous autres, qui, comme eux, employent ces Matières. Ce Poinçon appellé Marque, dans cet Article de Statuts, est bien clairement désigné & nommé dans un Arrêt du Parlement, du 11 Février 1549. dans lequel est rapportée Copie d'une Requête qui lui a été présentée par Florent Valleran, & Nicolas Le Contançois, alors Gardes-Visiteurs Horlogers, en Charge, le Procureur du Roi au Châtelet joint avec eux ; au sujet de ce que le Bailli du Palais vouloit connoître, par préférence sur ledit Procureur du Roi , des Saisies faites dans son Enclos, & notamment de celles faites par lesdits Gardes-Visiteurs, chez Jean Greban, & Gilbert Mar-tinot, Apprentis dudit Métier d'Horloger , dit l'Arrêt, lesquels toutesfois ne sont Maîtres, & qui n'avoient encore ni Marque ou Poinçon suivant les Statuts & Ordonnances dudit Métier.

L'on voit donc par ces deux Articles de Statuts, qui Ordonnent ; l'un, de Travailler en Boutique Ouverte répondant sur Rue publique ; l'autre , d'avoir Marque ou Poinçon connu des Gardes-Visiteurs , pour Marquer ses Ouvrages, & non d'autres, sur Peine de Confiscation & d'Amende arbitraire ; que de pareils Réglemens ne peuvent convenir qu'à ceux qui fondent des Matières d'Or & d'Argent , & qui en fabriquent des Ouvrages. Ce font ces mêmes Réglemens qui ont toujours subsisté, dont l'on trouve des Vestiges chez les Orfévres dès le commencement du XIVe. siècle , & qui ont été renouvellés de tems en tems , suivant les occasions, en des termes & des expressions toujours plus clairs & plus intelligibles , enfin tels qu'on les a présentement, comme on le verra par la suite. De-là, il paroît donc certain , & l'on en peut conclure, que les Maîtres Horlogers ont joui de tout tems du Droit & de la faculté de Fondre, de travailler & d'employer ces Matières pour leurs Ouvrages , autrement on ne les auroit pas astreints aux mêmes Réglemens des Orfévres ; & que l'Arrêt du Conseil Privé du Roi du 8 Mai 1643 , rapporté ci-devant, page 5. n'est point l'E-poque ou le Commencement de ce Droit & Privilége pour les Horlo-gers ; qu'il ne faut le considérer que comme une Confirmation en termes clairs & nets de ce dont ils étoient en possession depuis plus de 100 ans , Droit & Possession bien établis par ces deux Articles de Statuts, que les Orfévres ne leur conteſtoient alors, que parce que ces mêmes Statuts ne parlent point formellement ni aſſez clairement de l'emploi des Matières d'Or & d'Argent.

ARREST DU CONSEIL PRIVE' DU ROI, à Paris,
du 11 Septembre, 1671. Page **7**

REGLEMENT GÉNE'RAL, à Saint Germain en Laye, du 30 Décembre 1679. Art. VI.

ET Seront tenus les Maîtres & Veuves de Maîtres, en cas de Changement de Domicile, de le déclarer aux Gardes en charge, 3 jours après ledit Changement, à peine de 200. liv. d'amende, en cas de Contravention.

Nota. *Cet Article de Réglement ne concerne, pour les Horlogers, que les Maîtres ou Veuves qui Fabriquent ou font Fabriquer des Ouvrages de Matières d'Or & d'Argent, tels que ſont les Boîtes, Chaînes & Crochets de Montres, &c...*

MESME REGLEMENT, Art. XVII. Page 29.

MESME REGLEMENT, Art. XVIII. Page 29.

ARREST DE LA COUR DES MONNOIES,
du 17 Avril 1734.

ORdonne, que les Edits, Déclarations, & Arrêts, intervenus au ſujet des Maîtres Orfévres & des Maîtres Horlogers, ſeront exécutés ſelon leur forme & teneur, & notamment l'Arrêt de la Cour du 28 Avril 1699. En Conſéquence fait Défenſes à tous Maîtres Horlogers de vendre aucunes Boîtes de Montres d'Or ou d'Argent, qu'elles ne ſoient au Titre preſcrit par les Ordonnances : ſavoir les Boîtes d'Or au Titre de XX. Karats & un quart, au Remède d'un quart de Karat ; & celles d'argent, au Titre de XI. Deniers 12 Grains, au Remède de deux Grains ; & qu'elles ne ſoient marquées du Poinçon particulier du Maître Orfévre ou du Maître Horloger qui les aura Fabriquées ; & Contre-marquées du Poinçon de la Maison commune des Orfévres de Paris. Fait pareillement Défenses aux Gardes de l'Orfévrerie de Paris, d'appliquer le Poinçon de Contre-marque sur aucune desdits Boîtes, qu'il ne leur apparoisse du Poinçon du Maître Orfévre ou du Maître Horloger qui les aura Fabriquées, le tout à Peine de Confiscation & d'Amende. Ordonne à cet effet, que dans six mois, à compter du jour de la Signification du présent Arrêt, tous les Maîtres Horlogers qui Fabriqueront des Boîtes de Montres d'Or & d'Argent, seront tenus d'avoir un Poinçon particulier, dont ils marqueront leurs Ouvrages, & de le faire insculper au Greffe de la Cour, sur une Table de Cuivre qui y sera pour ce dépofée, lequel Poinçon aura une Marque différente de celle des Orfévres. Leur fait Défenses sous les mêmes peines de Confiscation & d'Amende, de travailler lesdites Boîtes d'Or & d'Argent, ni d'avoir Forges ni Fourneaux ailleurs que dans leurs Boutiques en vûe & sur Rue, ni de les donner à travailler à leurs Compagnons dans des Chambres particulieres, ni ailleurs que dans leurs Maisons & Boutiques. Fait pareillement Défenses à tous Compagnons Horlogers, de Fabriquer & Travailler aucune Boîte de Montre d'Or ou d'Argent dans des Chambres particulieres, ni pour leur compte particulier. Leur enjoint de se retirer chez les Maîtres, à peine de Punition exemplaire, &c....

ARREST DE LA MESME COUR,
du 20 *Mars* 1741. Art. V.

NE pourront lesdits Maîtres Horlogers, travailler ni Fabriquer leurs Boîtes & autres Ouvrages d'Or & d'Argent ailleurs que dans leurs Boutiques, en vûe & sur Rue publique, où ils seront obligés d'avoir leurs Forges & leurs Fourneaux scellés en Plâtre : Leur est fait Défenses de les avoir ailleurs, ni de travailler dans des Chambres particulieres, ou d'y donner à travailler à leurs Compagnons pour leur Compte particulier, sous tel prétexte que ce puisse être.

MESME ARREST, Art. VI.

NE pourront pareillement lefdits Maîtres Horlogers, Fondre lefdites Matières ailleurs que dans leurfdites Boutiques, en vûe & fur Rue, ni autrement qu'aux heures portées par les Ordonnances : Savoir du premier Avril au premier Octobre, depuis fix heures du matin jufqu'à huit heures du foir ; & du premier Octobre jufqu'au premier Avril, depuis huit heures du matin jufqu'à fix heures du foir : Le tout fous Peine de Confifcation des Ouvrages & d'Amende, même de plus grande Peine, s'il y écheoitt.

TITRE SEPTIEME.

DROIT DE FORGE
ET DE FOURNEAU
POUR FONDRE LES MATIERES D'OR ET D'ARGENT,
ET LIEUX OU ILS DOIVENT ETRE PLACE'S

APrès que Thomas, Avocat pour lesdits Gardes-Visiteurs de la Communauté des Horlogers, & Boucault Avocat, pour ledit ..... Maître Horloger , ont été oüis ensemble Gouault, pour le Procureur Général du Roi ; La Cour Ordonne que la Partie de Boucault , sera tenue de souffrir les Visites des Parties de Thomas , & de se comporter avec le
Respect

Respect & la Décence qui leur est dû ; & que le Fourneau de la Partie de Boucault sera démoli si fait n'a été, & que son Poinçon demeurera au Greffe, jusqu'à ce qu'autrement par la Cour ait été Ordonné : Condamne la Partie de Boucault aux Dépens, par forme de Dommages & Intérêts, &c....

Nota. *Le motif de cet Arrêt, est que le Fourneau dont est question, n'étoit point placé suivant les Ordonnances, ce qui avoit occasioné quelques discutions entre les Parties.*

ARREST DE LA MESME COUR,
du 20 Mars 1741. Art. V.   Page 38.

F

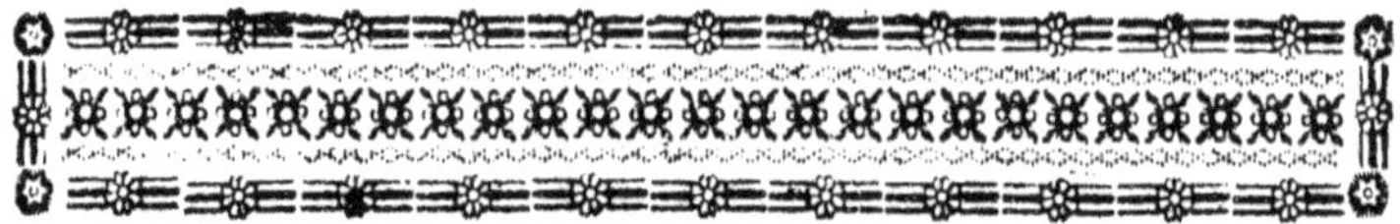

TITRE HUITIEME.

TITRE DES MATIERES

DES OUVRAGES

D'OR ET D'ARGENT.

PErmettons aux Orfévres & Horlogers, de Fabriquer &
Vendre des menus Ouvrages d'Or sujets à Soudure, comme
Boîtes de Montres & autres, au T... seulement de XX Karats
un quart, au Remède d'un quart de Karat : Leur Défendons,
sous quelque prétexte que ce soit, d'en Fabriquer & Vendre
au-dessous du Titre ci-dessus prescrit : Voulons que les autres
Ouvrages d'Or ne puissent être Fabriqués qu'au Titre de XXII
Karats, un quart de Remède, conformément aux anciennes
Ordonnances, & qu'il n'en puisse être fait aucuns du Poids
excédent sept onces, sans notre Permission par écrit, sous
Peine de Confiscation & de 3000 livres d'Amende, un Tiers à
notre Profit, un Tiers à l'Hôpital Général, & le Tiers restant

aux Dénonciateurs ; & encore contre les Maîtres de Perte de la Maîtrise, & contre les Compagnons & Apprentis, de ne pouvoir être admis à ladite Maîtrise.

ARREST DE LA COUR DES MONNOIES,
du 17 *Avril* 1734.   Page 37.

ARREST DE LA MESME COUR, du 20 *Mars* 1741. Art. I.

TOus les Maîtres Horlogers feront tenus de travailler leurs Boîtes & autres Ouvrages d'or & d'argent au Titre preferit par les Ordonnances, & fous les Peines y portées ; favoir, les Ouvrages d'or au Titre de XX. Karats & un quart, au Remède d'un quart de Karat, & ceux d'argent au Titre de XI. Deniers XII. Grains, au Reméde de deux Grains.

TITRE NEUVIEME.

MAITRES QUI FABRIQUENT
DES OUVRAGES DE MATIÉRES
D'OR ET D'ARGENT,

AURONT CHACUN UNE MARQUE OU POINÇON DIFFÉRENT

DONT ILS SERONT TENUS DE MARQUER LEURS OUVRAGES.

STATUTS de 1544. Art. XI.

LEs Maîtres dudit Métier d'Horloger , feront tenus prendre Marque , qu'ils déclareront auxdits Gardes Vifiteurs, & d'icelle Marque ainfi prife & déclarée , Marquer les Ouvrages qu'ils feront , & non d'autres , fur Peine de Confifcation des Ouvrages qui ne fe trouveront avoir été Marqués, felon qu'il eft ci-deffus contenu & déclaré , & d'Amende arbitraire.

Nota. *Pour la Marque dont il eft parlé dans cet Article de Statuts , Voyez ce qui en a été ci-devant dit, dans la Note fur l'Article* VIII. *de ces mêmes Statuts , au Titre* VI. Page 35.

ORDONNANCE DE HENRI IV,
à Fontainebleau , en Mai 1599. Art. III.

TOus les Maîtres dudit Etat [d'Orfévre] feront tenus & refponfables des Malverfations, fautes & abus qui fe trouveront aux Ouvrages marqués de leur Poinçon ; & ne pourront icelui Prêter, ni Louer à aucune Perfonne de quelque qualité ou condition qu'elle soit, à Peine de 50 écus d'Amende : Et ne seront lesdits Maîtres reçus à s'excuser sous couleur & prétexte de dire qu'ils n'auront que prété leurdit Poinçon, & n'avoir fait ni fait faire ledit Ouvrage ; ains payeront ladite Amende, outre la Réparation Civile, de laquelle ils seront tenus avec ceux qui auroient fait & fabriqué l'Ouvrage, &c...

ARREST DU CONSEIL D'ETAT PRIVE' DU ROI,
à Paris, du 8 Mai 1643. Page 5.

ARREST DE LA COUR DES MONNOIES,
du 8 Juillet 1643.

LA Cour a Ordonné & Ordonne, que ledit Arrêt du Conseil du 8 Mai dernier, sera Regiſtré ès Regiſtres d'icelle, ſelon ſa forme & teneur ; à la charge, néanmoins, que leſdits Maîtres Horlogers .... auront chacun un Poinçon portant telle Marque qu'ils voudront choiſir, dont ils ſeront tenus de Marquer les Boîtes d'Or & d'Argent de leurs Ouvrages, leſquels Poinçons ils Inſculperont à une Table de Cuivre, qui ſera miſe au Greffe de ladite Cour .... & cependant qu'ils prêteront le Serment dans trois jours en ladite Cour, de bien & fidélement exercer ledit Art & Jurande, &c.

Nota. Quoique cet Arrêt ſoit ici le premier, par lequel il paroiſſe que la Cour ait Ordonné que les Maîtres Horlogers auroient un Poinçon lequel ils feroient Inſculper ſur une Table de Cuivre, qui ſeroit miſe au Greffe de ladite Cour, il eſt cependant certain que cette Inſculpation de Poinçon, & le Poinçon même, n'étoient point une nouveauté pour eux, puiſque les nommés Auguſte Bretonneau, Nicolas Bernard, Iſidore Champion, Guillaume Beauvais & Jean Augier, Maîtres Horlogers des Années 1638. 1636. 1631. 1630. & 1620. y avoient fait Inſculper les leurs. De-là, il paroît conſtant que les Maîtres Horlogers ont toujours eû Poinçon, qu'ils ont fait Inſculper au Greffe de cette Cour, conſéquemment, qu'ils ont toujours travaillé en Matières d'Or & d'Argent pour les Ouvrages de leur Profeſſion ; & que l'Arrêt du Conſeil d'Etat Privé du Roi du 8

Mai, 1643. *rendu contradictoirement entre eux & le* Corps des *Orfevres qui leur disputoit le droit de Fabriquer ces Matières, n'a fait que les confirmer & les assurer dans ce Droit & dans la Possession où ils avoient toujours été de les employer.*

SENTENCE DE POLICE, *du* 16 *Juin* 1671.

Nous Disons qu'il est fait Défenses audit Claude De Beauvais, [Maître Horloger] & à tous autres Horlogers de faire travailler pour les Ornemens des Boîtes & Pendules autres que les Maîtres Orfévres, pour les choses que lesdits Horlogers ne pourront faire : Enjoignons auxdits Horlogers de Marquer les Ouvrages d'or & d'argent qu'ils feront, à peine de Confiscation, &c.....

REGLEMENT GENERAL, *à Saint Germain en Laye, du* 30 *Décembre* 1679. Art. XII.

Et afin d'éviter plusieurs abus difficiles à découvrir, par le moyen desquels plusieurs Personnes ont été trompées, les Maîtres Orfévres seront tenus de Marquer chacun de leurs Poinçons, & de faire Contre-marquer du Poinçon commun en lieu visible, le plus près l'un de l'autre que faire se pourra, tous les Ouvrages d'Or & d'Argent, & ce tant au Corps qu'aux Pièces principales d'Appliques & Garnisons, mentionnées en l'Etat qui en a été ce jourd'hui arrêté au Conseil ; & cet effet seront lesdits Maitres tenus d'envoyer en même tems au Bureau lesdites Pièces d'Appliques & Garnisons avec le Corps & Pièces principales, pour du tout en être fait Essai & iceux Contre-marqués.

ARREST DE LA COUR DES MONNOIES, *du* 28 *Avril* 1699.

La Cour a Ordonné & Ordonne, &c... Fait Défenses de vendre aucune desdites Boîtes des Montres, tant d'Or que d'Argent, qu'elles ne soient Marquées du Poinçon de l'Orfévre ou de l'Horloger qui les auront Fabriquées ; le tout à peine de Confifcation & d'Amende. Ordonne à cet effet, que les Maîtres Horlogers Fabriquans & travaillans lefdites Boîtes, feront tenus dans quinzaine, de faire Infculper leurs Poinçons au Greffe de la Cour, en préfence du Confeiller Rapporteur, fur une Table de Cuivre qui y fera pour ce dé-pofée, &c...

DE'CLARATION DU ROI, *du 23 Novembre* 1721. Art. VII.

TOus les Ouvrages d'Or feront Marqués du Poinçon du Maître qui les aura Fabriqués, & effayés & Marqués par les Jurés & Gardes aux Bureaux des Maifons communes des Orfévres, ainfi qu'il fe pratique pour les Ouvrages d'argent. Seront néanmoins tenus les Jurés & Gardes, de rendre le Bou-ton d'Effai aux Maîtres qui auront Fabriqué les Ouvrages d'or, en leur payant 40 fols pour tout Droits, fi mieux n'aiment les Ouvriers abandonner ledit Bouton d'Effai. Et quant aux me-nus Ouvrages d'or qui ne pourront foufrir les Effais à la Cou-pelle, ils feront effayés aux Touchaux; & s'ils fe trouvent au Titre, ils feront Marqués du Poinçon defdits Jurés-Gardes, finon ils feront rompus : Voulons qu'il ne puiffe être perçù plus de 3 fols, des Ouvrages au deffous de deux onces; & plus de 5 fols, de ceux de deux onces & au-deffus, pour le-dit Effai.

ARREST DE LA COUR DES MONNOIES, *du 17 Avril* 1734. Page 37.

ARREST DE LA MESME COUR, *du 18 Décembre* 1738.

NOtredite Cour, faifant Droit fur le Réquifitoire de nos Gens, Ordonne, qu'en exécution de l'Arrêt de la Cour du 17 Avril 1734. il fera mis inceffamment, fi fait n'a été, au Bu-reau defdits Maîtres Horlogers, par les Gardes maintenant en Charge, une Table de Cuivre, fur laquelle les Maîtres Hor-logers Fabriquans des Boîtes de Montres, tant d'Or que d'Argent , Infculperont les Poinçons dont ils font tenus de fe fervir , pour Marquer lefdites Boîtes, lefquelles feront à l'avenir Marquées tant aux Pièces principales qu'aux différentes Pièces d'appliques qui les compofent ; lefquels Poinçons porteront une Marque diftinctive pour l'Horlogerie, diférente de celle de l'Orfévrerie. Et ayant aucunement égard à la Requête dudit . . . . . , Ordonne qu'il fera tenu de faire faire de nouveaux Poinçons , qui porteront la Marque diftinctive de l'Horlogerie , & la Marque particulière de fon état d'Ouvrier gagnant Maîtrife dans l'Hôpital de la Trinité , lefquels Poinçons feront Infculpés tant au Greffe de la Cour que fur la Table de Cuivre dépofée au Bureau defdits Maîtres Horlogers , &c....

ARREST DE LA MESME COUR,
du 20 Mars 1741 , Art. II.

TOus lefdits Maîtres Horlogers, qui Fabriqueront des Ouvrages d'Or & d'Argent de leur Profeffion , auront chacun un Poinçon particulier dont ils Marqueront leurs Ouvrages , tant au Corps & Pièces principales , qu'aux diférentes Pièces d'Applique, en forte que lefdites Boîtes foient Marquées aux Fonds, aux Bâtes & aux Lunettes ; lequel Poinçon portera pour Marque diftinctive de l'Horlogerie, différente de celle de l'Orfévrerie, un petit Pignon de fix , au-deffous duquel feront les Lettres initiales du nom du Maître.

TITRE X.

TITRE DIXIÉME.

FORME DES POINÇONS

DE MAITRES,

ET DE CEUX DES OUVRIERS

GAGNANS MAITRISE

DANS L'HOPITAL DE LA TRINITÉ.

ARREST DE LA COUR DES MONNOIES,
du 17 Avril 1734.   Page 37.

ARREST DE LA MESME COUR,
du 18 Décembre 1738.   Page 47.

ARREST DE LA MESME COUR,
du 24 Janvier 1739.

LA Cour a Ordonné & Ordonne, que les Arrêts & Réglemens de la Cour, & notamment ceux des 17 Avril
1734. & 18 Décembre 1738. feront exécutés felon leur forme & teneur; ce faifant, qu'il n'y aura à l'avenir fur le Poinçon de chaque Maître Horloger, pour Marquer le fond des
Boîtes d'Or & d'Argent de Montres & Horloges, que les
Lettres initiales du nom & furnom du Maître, avec un pe-

G

tit Pignon de fix au deffus ; fauf s'il arrivoit par la fuite, qu'un autre Maître Horloger eût les mêmes Lettres initiales pour nom & furnom, à ajouter dans fon Poinçon, une autre Marque particulière & diftinctive. Ordonne, en outre, que les Poinçons qui ferviront & feront deftinés à Marquer les Piéces d'Applique, qui font les Bâtes & les Lunettes des Boîtes, qui ne peuvent fouffrir une fi grande empreinte, auront feulement les Lettres initiales du nom & furnom du Maître, au cas que le petit Pignon de fix n'y puiffe pas être ajouté. Que les Compagnons Horlogers gagnans Maîtrife dans l'Hôpital de la Trinité, & notamment le nommé.... Compagnon gagnant Maîtrife dans ledit Hôpital, feront tenus conformément à l'Arrêt de la Cour du 18 Décembre 1738. de mettre dans leurs Poinçons deftinés à Marquer les fonds des Boîtes d'Or & d'Argent de Montres & Horloges, & d'ajouter aux Lettres initiales de leurs noms & furnoms, & au-deffus du petit Pignon de fix, un Delta ou Triangle, qui eft la figure ordinaire fous laquelle l'on repréfente & l'on défigne communément la Très-Sainte Trinité, lefquels ils feront tenus de faire Infculper au Greffe de la Cour, & au Bureau de la Communauté des Horlogers ; lequel Delta ou Triangle, il leur fera enfuite loifible & permis de fupprimer de leurs Poinçons, après qu'ils feront fortis dudit Hôpital, & qu'ils auront été reçus Maîtres dans la Ville : Que dans trois mois pour tout délai, les Maîtres Horlogers qui ont actuellement des Poinçons Infculpés au Greffe de la Cour, feront tenus d'en faire faire de nouveaux, avec les Marques diftinctives ci-deffus expliquées, tant pour Marquer les Pièces principales que celles d'Appliques, lefquels Poinçons ils feront tenus, dans le même délai, de faire Infculper au Greffe de la Cour & au Bureau des Horlogers, en la manière accoutumée, &c.

ARREST DE LA MESME COUR,
du 26 Juin 1739.

APrès que Pécouleau, Avocat pour ledit Antoine Saint Martin, Garde-Vifiteur en Charge & Comptable, pour la Communauté des Horlogers & pour lefdits.... Tous

Maîtres Horlogers ; [au nombre de plus de 130 dont 14 Anciens,] Thomas, Avocat pour lesdits Jean-Michel Roussel, Claude Raillard, & Jean-Baptiste Targe, Gardes-Visiteurs en Charge ; De La Guette, Procureur pour lesdits Maîtres & Gardes de l'Orfévrerie; & Gouault, pour notre Procureur Général, ont été oüies pendant deux Audiences : Notredite Cour reçoit les parties De La Guette, Parties intervenantes, leur donne acte de l'emploi du contenu en leur Requête, pour moyens d'intervention ; faisant Droit sur icelle, & sans avoir égard aux Demandes & Oppositions des Parties de Pécouleau, dont ils sont Déboutés, Ordonne que les Arrêts de la Cour des 17 Avril 1734. 18 Décembre 1738. & 24 Janvier 1739. seront exécutés selon leur forme & teneur : En conséquence Ordonne, que ceux des Maîtres Horlogers qui auroient des Poinçons qui ne sont point conformes à ce qui est porté par ledit Arrêt du 24 Janvier 1739. Seront tenus de les rapporter au Greffe de la Cour, dans trois mois à compter du jour de la Signification du présent Arrêt, pour y être Biffés, & de se pourvoir de nouveaux Poinçons conformes audit Arrêt ; Dépens compensés, fors le coût du présent Arrêt, qui sera payé par les Parties de Pécouleau, &c...

ARREST DE LA MESME COUR,
du 25 Mai 1740.

LA Cour a Ordonné & Ordonne, &c... Donne Acte auxdits Gouverneurs & Administrateurs dudit Hôpital de la Trinité, de ce qu'ils s'en rapportent à la Prudence de la Cour, au sujet des premiers Poinçons avec Marque distinctive portée ès dits Arrêts de la Cour du 18 Décembre 1738. & 24 Janvier 1739. & en conséquence Ordonne, que les Orfévres & les Horlogers, travaillans en Or & en Argent, admis dans ledit Hôpital, seront tenus avant de pouvoir travailler en Or & en Argent, de prendre un premier Poinçon avec la Marque distinctive dudit Hôpital, & de le faire Insculper sur la Table de Cuivre étant au Greffe de la Cour, & ensuite sur celle étant au Bureau desdites Communautés, chacun à leur égard, &c...

ARREST DE LA MESME COUR,
du 20 *Mars* 1741. Art. II.   Page 48.

ARREST DE LA MESME COUR,
du 8 *Août* 1741.

LA Cour, &c … Ce faifant Ordonne, que dans huitai-ne pour toute préfixion & délai, ledit… Compagnon Horloger gagnant Maîtrife dans l'Hôpital de la Trinité, fera tenu d'apporter au Greffe de la Cour fes anciens Poinçons fer-vans à Marquer les Boîtes de Montres d'Or & d'Argent, pour y être Biffés ; & dans le même délai, d'en faire faire d'autres, conformes à ce qui eft porté par lefdits Arrêts de la Cour, des 18 Décembre 1738. & 24 Janvier 1739. & de les faire Infcul-per au Greffe de la Cour & au Bureau de la Communauté des Horlogers, à quoi faire il fera contraint par toutes voyes, même par Corps, & jufqu'à ce, lui fait Défenfes de travailler en Boîtes de Montres d'Or & d'Argent, & le condamne aux Dépens, &c …

TITRE ONZIÉME.

POINÇONS DE MAITRES,

ET CEUX DES OUVRIERS

GAGNANS MAITRISE

DANS L'HOPITAL DE LA TRINITÉ,

SERONT INSCULPÉS SUR LES TABLES DE CUIVRE

DEPOSE'ES A CE SUJET

AU GREFFE DE LA COUR DES MONNOIES

ET AU

BUREAU DES HORLOGERS,

AVANT DE POUVOIR S'EN SERVIR.

ARREST DE LA COUR DES MONNOIES,
du 8 Juillet 1643.   Page 45.

ARREST DE LA MESME COUR, du 13 Juillet 1654.

LA Cour, faifant Droit fur ladite Requête, a Ordonné &
Ordonne que ledit Pierre Séheult, fera reçu Maître
dudit Métier d'Horloger, en faifant le Serment accoutumé,
à la Charge d'Infculper fon Poinçon, & Graver fon Nom fur
une Table de Cuivre, qui pour cet effet fera mife au Greffe
de la Cour, par les Gardes-Vifiteurs dudit Métier; de Marquer de fon Poinçon tous les Ouvrages d'Or & d'Argent qu'il

fera ; de fouffrir les Vifites des Confeillers & Commiffaires qui feront par ladite Cour Députés, & des Gardes-Vifiteurs dudit Métier ; & d'obferver les Ordonnances, Arrêts & Réglemens d'icelui Métier : Et à l'inftant ledit Scheult, mandé au Bureau, a fait ledit Serment, &c...

ARREST DE LA MESME COUR,
du 20 Août 1654.

LA Cour a Ordonné & Ordonne que ledit Paul Papon, fera reçu Maître Horloger, en faifant le Serment accoutumé, à la Charge d'Infculper fon Poinçon & Graver fon Nom fur une Table de Cuivre, qui pour cet effet fera mife au Greffe de la Cour, par les Gardes-Vifiteurs Horlogers ; de Marquer de fon Poinçon, tous les Ouvrages d'Or & d'Argent qu'il fera ; de fouffrir les Vifites des Confeillers & Commiffaires Députés par la Cour, & des Gardes-Vifiteurs dudit Métier & d'Obferver les Arrêts, Ordonnances & Réglemens d'icelui Métier : Et à l'inftant ledit Papon, mandé au Bureau, a fait ledit Serment, & ...

ARREST DE LA MESME COUR,
du 28 Avril 1699.   Page 46.

ARREST DE LA MESME COUR,
du 20 Août 1700.

LA Cour a permis auxdits Pierre Des Buis, Pierre Clément, & David Terrier, Maîtres Horlogers, de faire Infculper chacun un Poinçon fur une Table de Cuivre, qui fera Dépofée au Greffe de la Cour, en préfence de Maître Pierre De Corberon, Confeiller Rapporteur, qui en dreffera Procès-Verbal, pour leur fervir à Marquer les Boîtes de Montres tant d'Or que d'Argent qu'ils fabriqueront à l'avenir, fuivant qu'il eft Ordonné par l'Arrêt du 28 Avril 1699. &c...

₣ *Nota. Comme il n'a jamais été permis à un Maître, qui fait faire des Poinçons, de s'en fervir avant qu'ils ayent été Infculpés à la Cour des Monnoies & au Bureau de sa Communauté; ladite Cour, pour prevenir ce qui pourroit en arriver, a rendu un Arrêt en forme de Réglement sur le Réquisitoire des Gens du Roi, le 11 Janvier 1727. qui porte entre-autres Dispositions : Que les Poinçons seront remis par ceux qui les auront Gravés entre les mains des Gardes, qui ne pourront s'en dessaisir qu'après leur Insculpation. Quoique cet Arrêt n'ait été rendu que pour le Corps des Orfevres, au Bureau duquel il a été Lû, Publié & Enregistré, il est néanmoins de la bonne Police des Gardes-Visiteurs Horlogers, de veiller à son exécution lorsque pareil cas se rencontre, pour se conformer à l'esprit de cet Arrêt.*

ARREST DE LA MESME COUR,
   du 20 Mars 1741. Art. III.

CHacun desdits Maîtres Horlogers, sera tenu avant de pouvoir se servir de son Poinçon, de le faire Insculper sur une Table de Cuivre, qui sera déposée à cet effet au Greffe de la Cour.... & d'y prêter Serment lors de ladite Insculpation.

ARREST DE LA MESME COUR,
du 27 Juin 1744.

L A Cour, &c.... Et faisant Droit sur les Oppositions & Demandes des Gardes-Visiteurs Horlogers, portées par leurs Requêtes des 1 Février & 30 Mai 1736. les reçoit Opposans à l'Arrêt de la Cour du 23 Janvier 1734. en ce qu'il Ordonne que ledit.... [Maître Horloger] sera tenu de faire Insculper les Poinçons au Bureau de la Maison Commune des Orfévres : & faisant Droit sur ladite Opposition, & sans avoir égard aux Demandes desdits Gardes des Orfévres portées en leur Requête du 18 Avril 1736. Déboute lesdits Gardes de l'Orfévrerie , de leurs Demandes & Prétentions, afin d'Insculpation en leur Bureau, des Poinçons des Maîtres Horlogers; Ordonne l'exécution des Arrêts & Réglemens de la Cour : Et en conséquence qu'à l'avenir ils seront tenus de Marquer en la maniere accoutumée , les Boîtes d'Or & d'Argent & autres Ouvrages concernant l'Horlogerie , qui leur seront portés par les Maîtres Horlogers, s'ils sont trouvés au Titre prescrit par les Ordonnances : Condamne lesdirs Gardes de l'Orfévrerie.... & en outre aux deux Tiers des Dépens de l'Instance , l'autre Tiers compensé, &c.

TITRE XII.

TITRE DOUZIEME.

MAITRES QUI QUITTENT BOUTIQUE

OU LA VILLE DE PARIS,

ET LES VEUVES, ENFANS, OU HE'RITIERS

DESDITS MAITRES DÉCÉDÉS,

SONT OBLIGÉS DE RAPPORTER LEURS POINÇONS

AUX GARDES-VISITEURS EN CHARGE,

POUR ETRE PAR EUX DE'POSE'S EN LEUR BUREAU

OU BIFFÉS, SUIVANT LE CAS.

RE'GLEMENT GE'NE'RAL, *à Saint Germain en Laye*, *du* 30 *Décembre* 1679. Art. V.

ET d'autant que les Veuves des Maîtres Orfévres n'ont aucune connoiſſance du Titre & de l'Aoi , & que ne pouvant conduire le Travail, elles dépendent des Compagnons qu'elles employent...... Ne pourront leſdites Veuves avoir de Poinçons à l'avenir ; à elles enjoint de les rapporter dans quinzaine au Bureau des Orfévres, pour y être rompus. Pourront néanmoins leſdites Veuves des Maîtres Orfévres, continuer le Commerce des Marchandiſes d'Orfévrerie & Joyaillerie, en Boutique ouverte, & faire travailler ſous le Poinçon d'un Maître Orfévre tenant actuellement Boutique,

H

lequel Maître fera obligé de les Marquer de fon Poinçon, &
de les faire Contre-marquer ; & demeurera auffi refponfable
des abus qui s'y pourront trouver, tant au Titre qu'autrement.

MESME REGLEMENT, Art. XIX.

CEux d'entre lefdits Orfévres qui ne tiendront Boutique
ouverte, ne pourront fe fervir de leurs Poinçons ; à eux
enjoint de les rapporter aux Gardes, pour être par eux Cachetés & dépofés en la Chambre commune.

ARREST DE LA COUR DES MONNOIES,
du 11 *Juin* 1738.

APrès que Thomas, Avocat pour lefdits Gardes-Vifiteurs de la Communauté des Maîtres Horlogers, a été
oüi...... En conféquence Ordonne, que ledit...... [Maître
Horloger,] attendu qu'il ne tient plus Boutique ouverte, fera tenu de remettre & apporter au Bureau de la Communauté, entre les mains defdits Gardes-Vifiteurs, dans trois jours
pour toute préfixion & délai, les Poinçons pour Marquer fes
Ouvrages, à quoi faire il fera contraint, même par Corps,
pour être lefdits Poinçons cachetés & enfermés, & refter entre les mains defdits Gardes-Vifiteurs...... Condamne ledit...
aux Dépens, &c......

ARREST DE LA MESME COUR,
du 28 *Juin* 1738.

APrès que Thomas, Avocat pour lefdits Gardes-Vifiteurs
Horlogers, & Hazon, Avocat pour ledit...... ont été
oüis ; enfemble, Gouault pour le Procureur Général du Roi :
La Cour a Débouté ledit...... de fon Oppofition, à l'Arrêt
de la Cour du 11 de ce mois, & l'a Condamné aux Dépens,
&c....

ARREST DE LA MESME COUR,
du 17 Décembre 1742.

LA Cour a Ordonné, que les Articles V. & XIX. du Réglement Général du 30 Décembre 1679. en ce qui regarde les Poinçons des Maîtres de la Communauté des Horlogers de cette Ville, feront exécutés felon leur forme & teneur. Et en conféquence, Permet aux Gardes en Charge de ladite Communauté, de Biffer, en préfence ou abfence des Maîtres, les Poinçons qui ont été par eux remis auxdits Gardes, dont ils feront mention fur le Regiftre de ladite Communauté à ce deftiné; & notamment ceux des nommés......
Ordonne en outre, que les Veuves, Enfans ou Héritiers des Maîtres Horlogers, feront tenus quinzaine après le décès defdits Maîtres, de rapporter, conformément audit Réglement, leurs Poinçons aux Gardes-Vifiteurs alors en Charge, pour être par eux Biffés, à quoi faire lefdits Gardes, tant préfens qu'àvenir, feront autorifés; comme auffi que conformément à l'Article XIX. dudit Réglement, ceux defdits Maîtres qui quitteront Boutique ou la Ville de Paris, feront tenus de rapporter leurs Poinçons auxdits Gardes-Vifiteurs, pour être par eux cachetés & dépofés en leur Bureau, jufqu'à leur retour en cette Ville, ou qu'ils reprennent Boutique, pour, audit cas, leur être rendus ou Biffés, ainfi qu'il appartiendra : Le tout à la charge par lefdits Gardes-Vifiteurs, de remettre au Greffe de la Cour, à la fin de chaque année, un état figné d'eux & certifié véritable, contenant les noms des Maîtres qui auront quitté cette Ville, fermé Boutique, ou qui feront décédés ; enfemble les Poinçons qui leur auront été remis, pour être Biffés, ou pour refter en Dépôt, &c......

ARREST DE LA MESME COUR,
du 16 Juin 1751.

LA Cour a donné Défaut, & pour le Profit Ordonne, que les Edits & Déclarations du Roi & les Arrêts de la Cour concernant la Fabrication des Boîtes d'Or & d'Argent, feront exécutés félon leur forme & teneur ; en conféquence Condamne le Défaillant, [Maître Horloger] & par Corps, à remettre, dans le jour de la Signification du préfent Arrêt, au Bureau des Parties de De la Borde, [Les Gardes-Vifiteurs Horlogers] les Poinçons qui lui ont été ci-devant accordés pour Marquer les Boîtes de Montres d'Or & d'Argent aux dommages & intérêts des Parties de De la Borde, à donner Déclaration, & aux Dépens, &c...

ARREST DE LA MESME COUR, *du* 10 *Juillet.* 1751.

CE jour, Jean-Jacques Fieffé, & Jacques Le Mazurier, Maîtres Horlogers à Paris, & Gardes-Vifiteurs en Charge de leur Communauté, entrés au Bureau, ont préfenté..... comme auffi ont demandé Acte de la Déclaration qu'ils font, de ce que le nommé...... Maître Horloger, a remis en leur Bureau, en exécution de l'Arrêt de la Cour'du 16 Juin dernier, les Poinçons qui lui avoient été ci-devant accordés pour Marquer les Ouvrages d'Or & d'Argent de fa Profeffion, requérant qu'il plût à la Cour..... & en conféquence de leur Déclaration, Ordonner fur les Poinçons dudit..... ce qu'il appartiendra. Oüi ; le Procureur Général du Roi, en fes Conclufions : La Cour..... Donne Acte auxdits Fieffé, & Le Mazurier, de la Déclaration par eux faite de ce que... l'un des Maîtres de leur Communauté a remis en leur Bureau, conformément à l'Arrêt de la Cour du 16 Juin dernier, les Poinçons qui lui avoient été ci-devant accordés pour Marquer les Ouvrages d'Or & d'Argent de fa Profeffion ; & en conféquence Ordonne, que lefdits Poinçons feront Biffés, &c.....

Nota. *Le Motif qui a occafionné la Cour , d'Ordonner que ces Poinçons feroient Biffés, ce qui n'eft point d'ufage pour un Maître qui quitte Boutique, par ce qu'il peut la reprendre, auquel cas fes Poinçons doivent lui être remis : C'eft que le Maître , dont eft ici queftion, ne Fabriquant point des Ouvrages de Matières d'Or & d'Argent de la Profeffion, fes Poinçons ne pouvoient lui fervir qu'à les prêter pour Marquer les Ouvrages d'autrui , ou à protéger ce qui eft également prohibé par les Ordonnances.*

TITRE TREIZIEME.

GARDES-VISITEURS

EN CHARGE,

AUTORISÉS A BIFFER LES POINÇONS

QUI SERONT DANS LE CAS D'ETRE BIFFE'S.

ARREST DE LA COUR DES MONNOIES,
du 17 Décembre 1742. Page 59.

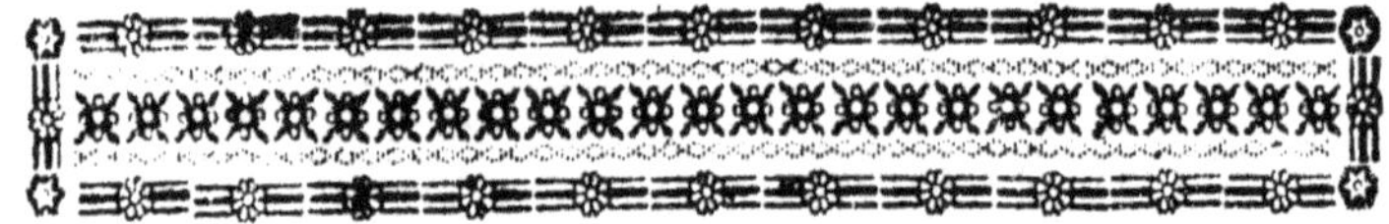

TITRE QUATORZIÉME.

OUVRAGES DE MATIERES

D'OR ET D'ARGENT,

DOIVENT ETRE MARQUÉS DU POINÇON

DU MAITRE QUI LES A FABRIQUÉS,

AVANT D'ETRE ENVOYE'S A LA MAISON

COMMUNE DES ORFE'VRES,

POUR Y ETRE ESSAYÉS ET MARQUÉS DU POINÇON

D'ESSAI OU DE CONTRE-MARQUE.

ARREST DE LA COUR DES MONNOIES,
du 8 Juillet 1643.   Page 45.

ARREST DE LA MESME COUR,
du 17 Avril 1734.   Page 37.

ARREST DE LA MESME COUR,
du 20 Mars 1741, Art. IV.   Page 32.

TITRE QUINZIEME.

OUVRAGES D'OR ET D'ARGENT,

SERONT ENVOYE'S A LA MAISON COMMUNE

DES ORFE'VRES

POUR Y ETRE ESSAYÉS ET MARQUÉS

DU POINC,ON D'ESSAI

OU DE CONTRE-MARQUE.

ARREST DE LA COUR DES MONNOIES,
du 13 Octobre 1687.

LA Cour fait Défenfes...... à tous Maîtres Orfévres de mettre, rapporter, & fouder des fonds aux Plats, Baffins & Affiettes, fous quelque prétexte que ce foit, encore qu'ils en fuffent requis par des Particuliers ou autres Perfonnes de telle qualité ou condition qu'elles foient, à peine de 50 livres d'Amende & de Confifcation des Ouvrages, &c......

Nota. Par le préfent Arrêt & le fuivant, il eft Défendu de rapporter des Pièces neuves à de vieux Ouvrages, qu'au préalable lefdites Pièces n'ayent été Effayées & Marquées par les Gardes Orfévres, & que lefdits vieux Ouvrages ne foient auffi Contre-marqués ; de forte qu'aux termes de ces deux Arrêts, il ne feroit pas permis de mettre un fond à une vieille Boîte d'Or ou d'Ar-gent, que la Pièce neuve ne fût Effayée & Marquée, & que la vieille Boîte ne l'ait aussi été. Le motif de cette Défense, est, que d'ajouter une Pièce neuve, qui ne seroit pas au Titre, à un vieil Ouvrage qui y seroit, ce seroit affoiblir celui de l'Ouvrage & détruire la Probité de celui qui l'a fait ; & si la Pièce neuve étoit au Titre & Contre-marquée & que le vieil Ouvrage ne le fut point, dans ce cas, comme dans l'autre, ce seroit tromper celui entre les mains de qui cet Ouvrage tomberoit pour le mettre à la Fonte.

ARREST DE LA MESME COUR,
du 23 Décembre 1692.

LA Cour...... Fait inhibitions & Défenfes à tous Orfévres de...... Vendre aucun vieil Ouvrage, ni le racommoder qu'il ne foit Contre-marqué fuivant les Ordonnances ; ni d'y Appliquer aucunes Piéces Neuves, qu'aux préalable lefdites Piéces Neuves n'ayent été portées au Bureau de la Maifon commune, pour en être fait Effai par les Maîtres & Gardes [Orfévres,] & Contre-marqués ; à Peine de Confifcation & d'Amende, &c......

DÉCLARATION DU ROI, à Paris, du 23 Novembre 1721. Art. IV.

VOulons que ceux qui vendront & débiteront des Ouvrages d'Or & d'Argent qui n'auront point été Effayés ni Marqués du Poinçon des Maîtres & Gardes des Orfévres..... foient auffi, outre la Confifcation defdits Ouvrages, Condamnés en pareille Amende de 3000 livres, jufqu'au payement de laquelle ils tiendront Prifon.

MESME DÉCLARATION, Art. VII. Page 47.

ARREST DU CONSEIL D'ÉTAT DU ROI, à Paris du 5 Mai 1722. Page 31.

DÉCLARATION

DE'CLARATION DU ROI, à *Paris du* 4 *Janvier* 1724.

A CES CAUSES...... Nous Avons Dit & Déclaré , & par ces Présentes *Signées* de notre main, Difons, Déclarons, Voulons & Nous plaît : *ART.* PREMIER. Que tous ceux & celles qui Calqueront, Contretireront, ou autrement Contreferont le Poinçon de Paris , celui de Lyon , &c...... ou qui s'en ferviront pour une fauffe Marque , foient condamnés à faire Amende Honorable aux Portes de la Principale Eglife & de la Jurifdiction du Lieu où la fauffeté aura été découverte, & [à] être Pendus & Etranglés.

  Nota. *Si ce Délit eft fi févèrement puni : C'eft , dit la Déclaration , que les Rois Prédéceffeurs ont voulu que le crime de Faux, fut puni de Mort ; pourquoi Sa Majefté a Ordonné, pour celui-ci, mêmes Peines que celles prononcées par les Ordonnances contre les Faux-Monnoyeurs.*

ARREST DU CONSEIL D'ETAT DU ROI,
à Verfailles du 8 *Septembre* 1733.

L E Roi en fon Confeil...... en interprêtant, en tant que befoin le Réglement Général fur le Fait de l'Orfévrerie du 30 Décembre 1679. & la Déclaration du 23 Novembre 1721. a Ordonné & Ordonne: Que tous Maîtres & Marchands Orfévres, Fourbiffeurs, Horlogers, & autres travaillans & trafiquans en Ouvrages d'Or & d'Argent , feront tenus de porter au Bureau de la Maifon commune de l'Orfé - vrerie, pour y être Effayés & Marqués d'un Poinçon à ce deftiné ; les...... Boîtes de Montres , Etuis ; toutes fortes de Crochets...... En conféquence fait Défenfes à tous Orfévres & autres trafiquans en Ouvrages d'Or & d'Argent, d'expofer en Vente aucun des Ouvrages ci-deffus défignés , ni autres d'un Poids fupérieur , qu'ils n'ayent été Marqués d'un des Poinçons de la Maifon Commune, à Peine de Confifcation & de 3000. liv. d'Amende. Ordonne pareillement, que tous lefdits Orfévres & autres Ouvriers travaillans en Or & en

Argent, feront tenus, conformément à l'Arrêt du Confeil du 23 Janvier 1725. de porter au Bureau du Fermier lefdits Ouvrages, pour y être Marqués de fon Poinçon de Charge, & en faire leurs foumiffions, fuivant l'ufage ordinaire, avant de les porter au Bureau de la Maifon Commune, pour y être Effayés & enfuite Marqués du Poinçon de Décharge dudit Fermier, à Peine de 500. liv. d'Amende pour chacune Contravention. Fait pareillement Défenfes au Fermier de la Marque d'Or & d'Argent, fes Commis & Prépofés, conformément à l'Arrêt & aux Lettres-Patentes des 3. Mai & 3 Juin 1723. d'appofer fon Poinçon de Décharge fur aucun defdits Ouvrages, que celui de la Maifon Commune n'y ait été préalablement appofé, à Peine de 3000. livres d'Amende pour chaque Contravention..... & feront au furplus le Réglement Général du 30 Décembre 1679. & la Déclaration du 23. Novembre 1721. exécutés felon leur forme & teneur, &c......

LETTRES PATENTES DU ROI,
à Fontainebleau, du 12 Novembre 1733.

NOus avons par ces Préfentes *Signées* de notre main, en interprêtant, en tant que befoinferoit, notre Réglement Général fur le Fait de l'Orfévrerie du 30 Décembre 1679...... Ordonné & Ordonnons que tous Maîtres & Marchands Orfévres...... & autres, travaillans & fabriquans en Ouvrages d'Or & d'Argent, feront tenus de porter à la Maifon Commune de l'Orfévrerie, pour y être Effayés & Marqués d'un Poinçon à ce deftiné, les...... Boîtes de Montres, Étuis, toutes fortes de Crochets, &c......

ARREST DE LA COUR DES MONNOIES,
du 17 Avril 1734.   Page 37.

ARREST DE LA MESME COUR, *du 1. Février 1736.*

LA Cour...... Ordonne pareillement que lefdits Gardes Orfévres feront tenus à l'avenir...... de faire Effai fur le champ des Pièces d'Horlogerie d'Or & d'Argent qui leur feront portées par les Maîtres Horlogers, pourvû toutesfois

qu'elles foient Marquées du Poinçon de l'un defdits Horlogers ; & en cas qu'elles foient trouvées au Titre, de les Contre-marquer du Poinçon de la Maifon Commune, & les rendre auxdits Horlogers, à quoi faire ils feront pareillement
contraints par toutes voies dûes & raifonnables, même par
Corps, &c......

ARREST DE LA MESME COUR,
du 20 *Mars* 1741. Art. I V. Page 32.

ARREST DE LA MESME COUR,
du 27 *Juin* 1744. Page 56.

TITRE SEIZIÉME.

DÉFENSES D'ENVOYER

A L'ESSAI

A LA MAISON COMMUNE

DES ORFÉVRES,

DES OUVRAGES DE DIFFÉRENTES FONTES,

DANS LE MESME SAC,

ET MESLE'S ENSEMBLE.

ARREST DE LA COUR DES MONNOIES,
du 27 Juillet 1658.

ENjoignons à tous Orfévres portant & envoyant leurs Ouvrages pour être Essayés & Marqués du Poinçon Public, de Déclarer & Marquer aux Gardes, les Fontes différentes qu'il y aura, pour en faire différens Essais ; à peine en cas qu'il se trouve dans le même Sac de l'Argent à divers Titres hors des Remèdes, de Confiscation desdits Ouvrages & de 100. livres d'Amende, & de plus grande Peine s'il y échet, &c........

ARREST DE LA MESME COUR,
du 2 Août 1737.

ENjoignons à tous ceux qui apporteront des Ouvrages d'Or & d'Argent au Bureau de l'Orfévrerie pour être Marqués du Poinçon de Paris, de Dire & Déclarer s'ils font de différentes Fontes ; à peine contre les Contrevenans de Confifcation defdits Ouvrages, de 100. livres d'Amende, & de plus grande Peine s'il y échet, &c......

ARREST DE LA MESME COUR,
du 17 Mai 1738.

FAifant Droit fur le Réquifitoire des Gens du Roi, Ordonne que les Arrêts & Réglemens de la Cour, & notamment celui du 27 Juillet 1658. feront exécutés felon leur forme & teneur. En conféquence fait Défenfes à tous Maîtres & Marchands Orfévres-Joyailliers, Horlogers, Fourbiffeurs, & autres travaillans & envoyans leurs Ouvrages d'Or & d'Argent au Bureau de la Maifon Commune des Orfévres, pour y être Effayés & Contre-marqués, d'en mettre dans un même Sac de différentes Fontes & de différens Titres ; leur enjoint de les féparer, & de déclarer & fpécifier aux Gardes, les différentes Fontes qu'il y aura, pour en être par eux fait différens Effais, à peine contre les Contrevenans de Confifcation de la totalité des Ouvrages, & de 100. livres d'Amende, même de plus grandes Peines s'il y échet : Et afin que perfonne n'en prétende caufe d'ignorance, Ordonne que le préfent Arrêt fera Regiftré fur le Regiftre du Bureau de la Maifon Commune des Orfévres, Lû & Notifié en l'Affemblée des Gardes & anciens Gardes de l'Orfévrerie, & Copies imprimées d'icelui, envoyées à tous les Maîtres & Marchands dudit Corps de l'Orfévrerie, enfemble Extraits des Arrêts des 27 Juillet 1658. & 2 Août 1737. Ordonne en outre, qu'à la Requête du Procureur Général, Pourfuites & Diligences des Gardes de l'Orfévrerie, le préfent Arrêt fera fignifié aux Jurés des Maîtres Fourbiffeurs,

Horlogers , & autres envoyans leurs Ouvrages d'Or & d'Argent au Bureau de la Maiſon Commune , auxquels La Cour enjoint de le Regiſtrer dans les Regiſtres de leur Bureau , & de le Lire & Notifier aux Maîtres de leur Communauté , aſſemblés à cet effet , &c......

ARREST DE LA MESME COUR,
du 27 Mai 1751.

LA Cour, ſans avoir égard à la Requête dudit Auguſtin Duhamel , Maître Orfévre , a déclaré & déclare la Saiſie ſur lui faite de neuf Oreillons d'Ecuelles d'Argent, bonne & valable ; Ordonne qu'ils feront & demeureront acquis & Confiſqués au Profit du Roi , qu'ils feront portés en l'Hôtel de la Monnoie pour y être Fondus & convertis en eſpèces aux Coins & Armes de ſa Majeſté, la valeur remiſe ès mains du Receveur des Confiſcations de la Cour, pour être employée au fait de ſa Charge : Ordonne pareillement que les Ouvrages & Matières Saiſis ſur ledit Jean Regnault, Maître Fondeur, feront & demeureront acquis & confiſqués au Profit du Roi, qu'ils feront pareillement portés en l'Hôtel de la Monnoie pour y être Fondus & convertis en Eſpèces aux Coins & Armes de Sa Majeſté, & la valeur auſſi remiſe ès mains du Receveur des Confiſcations de la Cour, pour être employée au fait de ſa Charge : Condamne ledit Regnault, en 10. livres d'Amende, le Tiers deſdites Confiſcations & Amende applicable aux Gardes de l'Orfévrerie : & ſur la Demande dudit Duhamel ; en garantie, contre ledit Regnault, Ordonne que les Parties en viendront à l'Audience au premier jour ; & faiſant Droit ſur les Concluſions du Procureur Général, Ordonne que les Arrêts & Réglemens de la Cour, des...... feront exécutés ſelon leur forme & teneur : En conſéquence fait Défenſes aux Maîtres Orfévres-Joyailliers, Fourbiſſeurs, Horlogers & autres ayant Droit de donner aucunes Matières d'Or & d'Argent aux Maîtres Fondeurs, & auxdits Fondeurs de les recevoir qu'en Maſſe ou en Lingot qui feront Marqués au Poinçon deſdits Maîtres Orfévres & autres, laquelle Marque leſdits Fondeurs feront

tenus de conserver pendant dix jours pour être représentée
en cas de Saisie, à Peine de Confiscation desdites Matières
d'Or & d'Argent & de 50. livres d'Amende. Fait Défenses
à tous lesdits Maîtres & Marchands Orfévres-Joyailliers,
Fourbisseurs, Horlogers & autres ayant Droit & envoyant
leurs Ouvrages d'Or & d'Argent au Bureau de la Maison
Commune des Orfévres, pour y être Essayés & Contre-marqués, d'en mettre dans un même Sac de différentes Fontes
& diférens Titres ; leur enjoint de les séparer, déclarer & spé-
cifier aux Gardes les différentes Fontes qu'il y aura, pour en
être par eux fait difétens Essais, à Peine contre les Contrevenans de Confiscation des Ouvrages, & de 100. livres
d'Amende, même de plus grande peine s'il y échet. Ordonne en outre, que le présent Arrêt sera Lû & Regiftré tant au
Bureau de la Maison commune des Orfévres qu'en ceux des
Communautés des Maîtres Fondeurs, Horlogers, Fourbisseurs & autres qu'il appartiendra, dont les Gardes & Jurés
feront tenus de donner communication à chacun des Maîtres
desdits Corps & Communautés, & d'en certifier la Cour au
Mois, &c......

Nota. *Cette Saisie a été faite par les Gardes Orfévres, sur
ce que ces neufs Oreillons, qui étoient Marqués du Poinçon
dudit Duhamel, dans le même Sac & mélés ensemble, se sont
trouvés à différens Titres, au-dessous de celui prescrit par les Ordonnances. & comme ledit Duhamel a déclaré auxdits Gardes,
que c'étoit ledit Regnault, qui les lui avoit Fondus, & que la
Matière provenoit de quatre Marcs d'Argent qu'il avoit donné
audit Regnault, qui les avoit reconnus pour être au Titre des Ordonnances ; lesdits Gardes se font transportés chez ledit Regnault,
d'où ils ont emportés trois Morceaux d'Argent, deux desquels
étoient Moulés en Ouvrages, & l'autre, un Morceau de Jet,
dont, ayant aussi fait Essai, ils les ont pareillement trouvés à
des Titres differens au-dessous de celui prescrit : pourquoi ils ont
porté le tout au Greffe de ladite Cour, pour en être par elle Ordonné. C'est ce qui a donné lieu à cette Procédure qui a été
suivie à l'extraordinaire, contre lesdits Duhamel & Regnault,
sur laquelle a été rendu le présent Arrêt, qui conformément à*

icelui , a été Regiſtré tout au long ſur les Regiſtres de la Com-
munauté des Maîtres Horlogers , le 16. Juin ſuivant , par
Pierre-Bonaventure Havard , l'un des Huiſſiers de ladite
Cour.

TITRE XVII.

TITRE DIXSEPTIÉME.

CONTRÔLE OU DROITS
DE MARQUE
SUR LES OUVRAGES DE MATIE'RES
D'OR ET D'ARGENT.

ORDONNANCE DE LOUIS XIV. *à Verfailles,
du* 22 *Juillet* 1681. *des Droits de Marque fur l'Or
& l'Argent,* Art. I.

Nos Droits de Marque fur l'Or & l'Argent qui feront Fabriqués & mis en Œuvre par les Orfévres, Batteurs & Tireurs d'Or, Fourbiffeurs, Horlogers, & autres Ouvriers en Or & en Argent, feront levés dans tout notre Royaume, &c......

MESME ORDONNANCE, Art. II.

SEront payés pour les Ouvrages de Vermeil Doré, pareils Droits que pour l'Argent.

MESME ORDONNANCE, Art. X.

DÉfendons à tous Orfévres, Joyailliers, Batteurs & Tireurs d'Or, & autres Ouvriers en Or & en Argent, de Vendre ni expofer en Vente aucuns Ouvrages, qu'ils n'ayent été Marqués felon leur qualité du Poinçon ou Cachet du Fermier de nos Droits, & que nos Droits de Marque n'ayent

K

été payés ; le tout à peine de Confiscation & de 100. livres d'Amende pour chacune Pièce.

MESME ORDONNANCE, Art. XI.

Ermettons au Fermier de nos Droits, fes Procureurs & Commis de faire les Vifites chez les Orfévres, Joyailliers, & autres Ouvriers travaillans & vendans Ouvrages de Vaiffelles d'Or & d'Argent, pourvû qu'ils foient affiftés de l'un des Officiers de l'Election du Lieu où la Vifite fe fera ; ce que nous voulons avoir lieu, même dans notre Bonne Ville & Faux-bourgs de Paris.

MESME ORDONNANCE, Art. XVI.

Njoignons à tous Orfévres, Affineurs, Batteurs & Tireurs d'Or & d'Argent, & autres Ouvriers de même qualité, de fe faire infcrire au Greffe des Monnoies, & d'y déclarer le Lieu & l'Endroit où ils travaillent, à peine de 500. livres d'Amende contre les Contrevenans.

MESME ORDONNANCE, Art. XIX.

Es Conteftations feront jugées en premiere Inftance, par nos Officiers des Elections...... & en cas d'Appel, par nos Cours des Aides.

DECLARATION DU ROI, à Verfailles, du 3 Fevrier 1685.

Ous Avons par ces Préfentes, *Signées* de Notre Main, Dit, Déclaré & Ordonné, Difons, Déclarons & Ordonnons, Voulons & Nous Plaît ; que les Marchands Orfévres, & autres trafiquans & travaillans en Or & en Argent, foient tenus de payer nos Droits de Marque, tant pour la Vaiffelle & gros Ouvrages neufs qu'ils Fabriqueront & feront Fabriquer, que pour la vieille Vaiffelle & gros Ouvrages qu'ils revendront, autant de fois qu'ils en feront la revente,

quoiqu'elle aye été auparavant Marquée & que les Droits en
ayent été payés lors de la premiere Vente...... Enjoignons
auxdits Marchands Orfévres, & autres travaillans en Or &
en Argent Fabriqué & Ouvragé, de les repréfenter à notredit Fermier en leur Boutique, en préfence de ceux défignés
par nos Réglemens...... & à l'égard des Ouvrages qui ne pourront fouffrir la Marque fans être détériorés, à caufe de leur
délicateffe, Nous Voulons que lefdits O. févres, & autres
trafiquans & travaillans en Ouvrages d'Or & d'Argent, en
faffent Déclaration au Bureau de notre Fermier, lors qu'ils
feront en état de Vente, & leurs Soumiffions de les repréfenter, lors des Vifites, ou de payer les Droits de ceux qui ne
feront pas repréfentés ; à peine en cas de fraude, de Confifcation, & de 100. livres d'Amende, &c.

ARREST DU CONSEIL D'ETAT DU ROI,
ET LETTRES-PATENTES SUR ICELUI,
à Verfailles, des 2 Avril & 18 Juin 1697.

LE Roi en fon Confeil, a Ordonné & Ordonne, que le
Réglement du 30 Décembre 1679. enfemble Celui du
mois de Juillet 1681. feront exécutés felon leur forme & teneur ; ce faifant que les Orfévres & autres Ouvriers en Ouvrages d'Or & d'Argent, feront tenus de Marquer de leur Poinçon tous les Ouvrages d'Or & d'Argent qu'ils voudront Fabriquer, tant aux Pièces principales que d'Appliques, & de
faire Marquer du Poinçon de la Maifon Commune & de celui de Charge du Fermier, tous les Ouvrages mentionnés audit Réglement du 30 Décembre 1679. à peine de Confifcation des Ouvrages auxquels ils auront travaillé avant l'Appo-
fition defdits Poinçons, & de 100. livres d'Amende pour chacune Pièce, fans que lefdits Orfévres & autres Ouvriers en
Or & en Argent puiffent vendre & livrer les Ouvrages fur
lefquels ils auront fait Appofer le Poinçon de Charge dudit
Fermier, qu'après leurs Soumiffions déchargées & les Droits
payés, à peine de Confifcation de la valeur defdits Ouvrages,
& de 100. livres d'Amende pour chacune Pièce : à l'effet de
quoi lefdits Orfévres & autres Ouvriers feront tenus de re-

préfenter, lors des Vifites des Commis dudit Fermier, & à la première Réquifition, tous les Ouvrages dont ils fe trouveront chargés par leurs Soumiffions, ou d'indiquer les Ouvriers auxquels ils prétendent les avoir donnés pour travailler; à peine, faute de repréfentation ou de fauffe indication, de Confifcation de la valeur des Ouvrages non repréfentés, & de pareille Amende de 100. livres pour chacune Pièce, &c......

ARREST DUDIT CONSEIL A PARIS,
du 5 Mai 1722.   Page 31.

ARREST DE LA COUR DES AIDES,
du 12 Juillet 1724.

NOtredite Cour, a reçu la Communauté defdits Horlogers Oppofante à l'Arrêt du 14 Mai 1721. & Cordier, [Fermier des Droits de Marque fur l'Or & l'Argent] Partie intervenante; faifant Droit fur toutes les Requêtes & fur celle du 7 Janvier dernier, à donné Acte audit Cordier, & à ladite Communauté des Horlogers, de la Soumiffion faite par ladite Communauté, de ne recevoir aucunes Montres, dont les Boîtes d'Or ou d'Argent ne foyent Contrôlées : En conféquence à fait Défenfes auxdits Horlogers, d'avoir & de recevoir chez eux aucunes Montres, dont les Boîtes d'Or ou d'Argent ne foyent Contrôlées ; à peine, en cas de Contravention, de Confifcation, & de l'Amende portée par l'Ordonnance, &c.

ARREST DU CONSEIL D'ÉTAT DU ROI,
à Marly, du 23 Janvier 1725.

LE Roi en fon Confeil...... a Ordonné & Ordonne à tous Orfévres, & autres Ouvriers travaillans les Matières d'Or & d'Argent, d'apporter au Bureau du Fermier, tous les Ouvrages d'Or ou d'Argent deftinés à être Effayés & Marqués du Poinçon de la Maifon Commune, avant d'être portés audit Bureau de la Maifon Commune, pour être Marqués du Poinçon de Charge dudit Fermier, & faire les Soumiſſions ſuivant l'uſage ordinaire : Défend Sa Majeſté aux Maîtres & Gardes de l'Orfévrerie, de faire aucun Eſſai deſdits Ouvrages, qu'ils ne leur ayent paru Marqués du Poinçon de Charge dudit Fermier, à peine de 500. livres d'Amende pour chaque Contravention, &c......

ARREST DUDIT CONSEIL, ET LETTRES-PATENTES
SUR ICELUI, à Fontainebleau, du 24 Août 1728. Art. VIII.

ORdonne Sa Majeſté, que ceux qui auront été Condamnés en la Conſiſcation & en l'Amende, pour Rébellions, Fraudes & Contraventions, concernant tant les Droits ſur leſdites Eaux de Vie, que ſur ceux Dépendans des autres Parties de ſes Fermes, ſeront contraints au Payement d'icelles ; même par Corps.

ARREST DUDIT CONSEIL, à Verſailles,
du 8 Septembre 1733. Page 65.

ARREST DE LA COUR DES AIDES,
du 24 Mars 1747.

NOtredite Cour...... Ordonne qu'à l'avenir tous Orfévres & autres Ouvriers travaillans en Or & en Argent, lors de leurs Soumiſſions au Bureau du Fermier des Droits, ſeront tenus de Déclarer nommément l'eſpèce d'Ouvrage qu'ils veulent travailler, & le nombre de Pièces diſtinctes & ſéparées dont ledit Ouvrage ſera compoſé, & au cas que les Ouvriers ou Orfévres changent la deſtination de leur Ouvrage, ils ſeront obligés, avant d'y travailler, d'en faire une nouvelle Soumiſſion, & de faire décharger la premiere, &.....

TITRE DIXHUITIÉME.

OUVRAGES DE MATIÉRES
D'OR ET D'ARGENT,
DE PAYS ETRANGERS,
SERONT MARQUÉS D'UN POINC,ON PARTICULIER.

REGLEMENT GENERAL, *à Saint Germain en
Laye*, *du* 30 *Décembre* 1679. Art. X.

PErmet néanmoins Sa Majefté, aux Marchands Merciers
de ladite Ville de Paris, de vendre la Vaiffelle & autres
Pièces d'Orfévrerie venant d'Allemagne ou autres Pays Etrangers feulement, à la Charge qu'après l'Arrivée & Réception
defdites Pièces d'Orfévrerie, lefdits Marchands Merciers feront tenus d'en faire leur Déclaration au Bureau des Maîtres
Orfévres, qui les Marqueront u Corps ou en l'une des Pièces principales, d'un Poincon particulier qui ne fervira à autre ufage, enforte néanmcuis qu'ils n'en puiffent être difformés ; faifant Sa Majefté Défenfes auxdits Marchands Merciers,
d'expofer en Vente lefdites Pièces d'Orfévrerie, avant qu'elles
ayent été Marquées, &c......

ARREST DU CONSEIL D'ETAT DU ROI,
du 15 *Mai* 1722.

LE Roi en fon Confeil, ayant égard à ladite Requête,
a Déclaré & Déclare, n'avoir entendu comprendre dans
l'Article XI. de la Déclaration du 23 Novembre 1721. les

Ouvrages Marqués du Poinçon de la Maiſon Commune des Orſévres & de celui du Fermier ; ce faiſant, Ordonne Sa Majeſté, en interprêtant, entant que beſoin, ledit Article, que les ſeuls Ouvrages Saiſis, qui ne ſe trouveront pas Marqués du Poinçon de la Maiſon Commune & de celui du Fermier, feront ſujets à être portés au Greffe de la Cour des Monnoies : Déclare pareillement que les Marchandiſes d'Or & d'Argent, de Fabriques Etrangeres, ne feront point ſujettes à l'Eſſai de la Monnoye : Enjoint aux Marchands Merciers & Joyailliers qui en font commerce, de les Déclarer & porter aux Bureaux, tant de la Maiſon Commune, que du Fermier, dans les vingt-quatre heures de leur arrivée pour y être les Droits payés, & leſdits Ouvrages Marqués des Poinçons de la Maiſon Commune & dudit Fermier à ce deſtinés, à peine de Confiſcation & de 100. livres d'Amende pour chacune Pièce, conformément à l'Ordonnance & aux Arrêts & Réglemens, &c......

LETTRES-PATENTES DU ROI, à Verſailles, *du 28 Juin 1722. ſur L'ARREST DU CONSEIL, du 15 Mai précédent.*

PAr ces Préſentes *Signées* de Notre Main...... Enjoignons aux Marchands Merciers & Joyailliers qui font Commerce de Marchandiſes d'Or & d'Argent de Fabriques Errangères, de les Déclarer & porter aux Bureaux, tant de la Maiſon Commune [des Orſévres] que de notre Fermier, dans les vingt-quatre heures de leur arrivée, pour y être...... leſdits Ouvrages Marqués des Poinçons de la Maiſon Commune & de notre Fermier à ce deſtinés, &c......

ARREST DE LA COUR DES MONNOIES, du 4 Décembe 1748.

LA Cour faiſant Droit ſur le Réquiſitoire du Procureur Général du Roi, a Ordonné & Ordonne que tous les Réglemens intervenus au ſujet des Vaiſſelles & Ouvrages venans d'Allemagne & autres Pays Etrangers, feront exécutés ſe-

lon leur forme & teneur, notamment l'Article X. du Réglement du 30 Décembre 1679. & l'Arrêt du Conseil du 15 Mai
1722. & en conséquence que tous Marchands Merciers &
autres Particuliers qui feront venir des Vaisselles, Bijoux ou
autres Ouvrages d'Orfévrerie d'Allemagne ou des Pays Etrangers, feront tenus aussi-tôt & au plûtard dans les vingt-quatre heures de leur arrivée, d'en faire leurs Déclarations &
les porter au Bureau des Maisons Communes des Orfévres,
pour, sur lesdites Déclarations, être les Ouvrages compris en
icelles, Marqués par les Gardes Orfévres du Poinçon, à
ce destiné, soit au Corps de l'Ouvrage, soit en l'une des
Pièces principales, en Lieu apparent, ce qu'ils feront tenus
de faire sans délai & de façon, que lesdits Ouvrages n'en
soient difformés : Fait Défenses à tous Marchands Merciers
& autres, d'exposer, vendre ni débiter aucun desdits Ouvrages & Bijoux venant d'Allemagne ou des Pays Etrangers,
qu'ils n'ayent été préalablement portés au Bureau desdites
Maisons Communes des Orfévres, & Marqués dudit Poinçon, à peine de Confiscation desdites Marchandises & de
500 livres d'Amende contre ceux qui les auront exposées, vendues & débitées. Ordonne que le présent Arrêt sera Signifié,
tant aux Gardes de l'Orfévrerie qu'aux Gardes de la Mercerie
de cette Ville de Paris, pour être par eux exécuté & notifié
aux différens Membres de leurs Corps, &c......

*Nota. Cet Arrêt a été affiché à la Porte du Bureau des Hor-
logers , & Signifié audit Bureau, le 14 desdits Mois & An.*

ARREST DE LA MESME COUR,
du 7 Mars 1749.

LA Cour, faisant Droit sur ledit Réquisitoire, a Ordonné
& Ordonne, que l'Arrêt de la Cour du 4 Décembre 1748.
sera exécuté selon sa forme & teneur ; & en conséquence,
que le Poinçon qui doit être appliqué sur toutes les Vaisselles
& Ouvrages d'Or & d'Argent venant d'Allemagne & autres
Pays Etrangers, par les Gardes & Jurés des différentes Communautés d'Orfévres du Ressort de la Cour, sera uniforme

&

& de grandeur convenable pour ne point difformer lesdits Ouvrages, & repréfentera les Lettres E. T...... [qui Signifient *Etranger.*] Ordonne en outre, que tous les Marchands Merciers & autres, qui ont actuellement en leur poffeffion aucunes defdites Vaiffelles & Ouvrages venant d'Allemagne ou autres Pays Etrangers, feront tenus dans un mois à compter du jour de la Publication du Préfent Arrêt, de faire Marquer lefdits Ouvrages dudit nouveau Poinçon, conformément audit Arrêt de la Cour du 4 Décembre dernier, paffé lequel tems les peines portées par icelui, demeureront encourues contre ceux qui y auront contrevenu, & ce, en vertu d'icelui & fans qu'il en foit befoin d'autre. Et fera le Préfent Arrêt Imprimé, Lû, Publié, Affiché, Notifié & Signifié par tout & à qui befoin fera, &c......

Nota. Cet Arrêt a pareillement été Affiché à la Porte du Bureau des Horlogers, & Signifié en icelui le 20 dudit Mois & An.

ARREST DE LA MESME COUR,
du 22 Décembre 1751.

LA Cour, a Déclaré & Déclare les deux Chaînes d'Or dont eft queftion, Acquifes & Confifquées au Profit du Roi ; Ordonne qu'elles feront portées en l'Hôtel de la Monnoie, pour y être Fondues & converties en Efpèces aux Coins & Armes de Sa Majefté, & la valeur remife ès mains du Receveur des Confifcations de la Cour, pour être employée au Fait de fa Charge : Condamne folidairement lefdits...... pour leur Contravention, en 50 livres d'Amende; leur fait Défenfes de récidiver fous plus grandes peines, &c.

Nota. Ces deux Chaînes de Montres, qui étoient d'Angleterre, n'ont été Confifquées, que parce qu'étant de Pays Etranger, elles n'étoient point Marquées du Poinçon Ordonné par les Arréts de la même Cour, des 4 Décembre 1748. & 7 Mars 1749.

L

TITRE DIXNEUVIÉME.

POIDS DE MARC.

ARREST DE LA COUR DES MONNOIES,
du 21 Février 1739.

LA Cour, faifant Droit fur le Réquifitoire du Procureur Général, Ordonne que tous les Maîtres Orfévres, Fourbiffeurs, Horlogers, & autres Marchands qui fe fervent dans leur Commerce du Poids de Marc, ne pourront en avoir qui ne foient bien & dûement Etalonnés fur les Poids Originaux dépofés en la Cour ; leur fait Défenfes de fe fervir de Poids, dont la Marque qui juftifie de l'Etalonnement, fe trouveroit effacée ; à peine d'Amende arbitraire...... Ordonne que le Préfent Arrêt, foit Signifié aux Gardes de l'Orfévrerie, & aux Jurés Balanciers, Fourbiffeurs & Horlogers, lefquels feront tenus dans Huitaine de la Signification d'icelui, d'affembler, chacun, les Maîtres de leur Communauté, pour leur Notifier ledit Arrêt, à ce qu'Aucun n'en prétende caufe d'ignorance, &c......

TITRE VINGTIEME.

DÉFENSES D'ACHETER

OUVRAGES

DE MATIÉRES D'OR ET D'ARGENT,

SI CE N'EST DE PERSONNES CONNUES ET DOMICILIÉES.

ARREST DU PARLEMENT, du 26 Janvier 1685.

LA Cour... fait Défenses aux Orfévres de cette Ville de
Paris, Officiers travaillans à la Monnoie, & autres,
Marchands, d'acheter aucune Pièce de Vaisselle d'Argent,
Armoiriée ou non Armoiriée, soit qu'elles ayent été Recommandées ou non Recommandées, sinon de Personnes qui leur
seront connues, ou qui leur donneront Répondans à eux aussi
connus & domiciliés; à peine d'être procédé contre eux extraordinairement, comme Recéleurs & Complices, & de répondre,
en leurs propres & privés Noms, des Dommages & Intérêts des
Parties, & de Restitution des Choses Volées, si elles sont en nature, sinon; la juste valeur. Ordonne que lesdits Orfévres &
autres seront tenus de retenir les Pièces de Vaisselle d'Argent
qui leur seront exposées en Vente, & lors qu'elles auront été
Recommandées, d'en faire incessamment leur Déclaration au
Clerc de leur Communauté, qui en avertira sur le Champ le
Commissaire du Quartier. Et sera le Présent Arrêt Lû & Publié à la Requête du Procureur Général du Roi, Poursuite &
Diligence de son Substitut au Châtelet, en la Chambre de la

L ij

Communauté des Orfévres, & icelui Signifié, tant aux Officiers de la Monnoie, qu'autres Marchands à qui besoin sera, à ce qu'aucuns n'en prétendent cause d'ignorance, &c...

Nota. Cet Arrêt ayant été rendu par la Cour en forme de Réglement, sur les Conclusions du Procureur du Roi au Châtelet, à la suite d'une Affaire Criminelle pour Vol, il fait en même tems Loi, pour tous les autres Commerçans des differens Arts & Métiers, sur-tout pour ceux qui font Commerce des Matières & Ouvrages d'Or & d'Argent. Les Horlogers étant de ce nombre, ils doivent donc s'y assujetir : Il est de la derniere conséquence pour eux de l'exécuter, pour éviter les suites dangereuses qui peuvent en résulter & les Peines qui y sont portées.

TITRE VINGT-UNIÉME.

HORLOGERS JUSTICIABLES

DE LA COUR DES MONNOIES,

POUR CE QUI CONCERNE

LE TITRE DES OUVRAGES

DE MATIÉRES D'OR ET D'ARGENT,

LA MARQUE ET LE POINCON SEULEMENT.

ARREST DU CONSEIL D'ETAT DU ROI,
à Paris, du 19 Janvier 1641.

ORdonne Sa Majesté, que...... les Maîtres & Gardes [de l'Orfévrerie de Paris] feront leurs Rapports des Fautes, Abus, Crimes & Malverfations qu'ils découvriront au Titre, Bonté, Alliage, Poids, Marques, Poinçons & Façons de tous les Ouvrages dudit Etat d'Orfévrerie, & pour tous autres Délits & Contraventions aux Ordonnances concernant le Fait des Monnoies, leurs Matières & ce qui en dépend, dont à ladite Cour appartient la Connoiffance Privativement à tous autres Juges. Et au furplus, fe pourvoyeront lefdits Maîtres & Gardes, & Particuliers de ladite Communauté pour le Fait de Police, Actions, & Délits Ordinaires, par devant les Officiers du Châtelet, & y répondre en première Inftance, ainfi que les autres Corps, &c.

ARREST DU CONSEIL D'E'TAT PRIVE' DU ROI,
à Paris, du 8 Mai 1643. Page 5.

RE'GLEMENT GE'NE'RAL, *à Saint Germain en Laye, du 30 Décembre 1679.* Art. XXI.

COntinueront lesdits Gardes de l'Orfévrerie leurs Visites ès Maisons & Boutiques de tous les Maîtres Orfévres, & leurs Veuves sans exception, en la manière & ainsi qu'il leur est Enjoint par les Réglemens, dont ils dresseront leurs Procès-Verbaux, dans lesquels ils Déclareront si les Maîtres sont en Boutique ou non, & donneront leurs Rapports; Savoir, pour tout ce qui concerne le Titre des Matières, Bonté, & Alliage d'icelles, la Marque & le Poinçon, en la Cour des Monnoies; & pour le surplus par devant le **Pre**vôt de Paris, ou son Lieutenant Général de Police.

ARREST DU CONSEIL PRIVE' DU ROI,
à Versailles, du 15 Juin 1701.

SA Majesté...... Ordonne que l'Article **XXI.** du Réglement de 1679. Sera exécuté. Et en conséquence, que lesdits Gardes de l'Orfévrerie porteront à la Cour des Monnoies leurs Procès-Verbaux de Visites, en cas de Contravention, concernant le Titre & Alliage des Matières, Marque & Poinçon seulement, pour y être Statué ainsi qu'il appartiendra; & que le Lieutenant Général de Police connoîtra des autres Contraventions, & Généralement de toute la Police entre lesdits Orfévres, &c.

DE'CLARATION DU ROI, *à Paris, du 23 Novembre 1721.* Art. XI.

VOulons que tous les Ouvrages Saisis à la Requête de notre Fermier du Droit de Marque, soient remis au Greffe de la Cour des Monnoies, ou des Monnoies les plus prochaines, pour y rester pendant le tems de quinzaine au plus, & être le Titre jugé suivant l'Ordonnance; ce que nous voulons être exécuté, foit que les Juges, qui connoiffent des Droits de nos Fermes, accordent Main-levée des Ouvrages Saifis, ou qu'ils en Ordonnent la Confifcation, ou même que les Parties s'accommodent. Faifons Défenfes à tous Greffiers, Gardiens ou autres Dépofitaires, de les remettre ailleurs, & au Fermier de nos Droits de les rendre aux Parties Saifies, que le Titre n'ait été jugé, à peine d'en répondre & de 1000. livres d'Amende, contre chacun des Contrevenans. Voulons que les Ouvrages, qui ne fe trouveront point au Titre, foient portés aux Hôtels de nos Monnoies, & le prix d'iceux remis fur le champ à notredit Fermier, en cas que la Confifcation defdits Ouvrages ait été jugée à fon Profit; Sauf à prononcer telle Condamnation qu'il appartiendra contre les Orfévres & Ouvriers qui auront Fabriqué lefdits Ouvrages, & contre ceux qui les auront expofés en Vente, &c..

ARREST DU CONSEIL D'ETAT DU ROI,
à *Paris, du* 15 *Mai* 1722.　　　　Page 78.

ARREST DUDIT CONSEIL à *Fontainebleau,*
du 23 *Avril* 1730.

VEut & entend Sa Majefté, que conformément à l'Article XXI. du Réglement Général fur le Fait de l'Orfévrerie, rendu le 30 Décembre 1679. ladite Cour des Monnoies ne connoiffe que de ce qui concerne le Titre, Bonté & Alliage des Matières, la Marque & le Poinçon; & ce, fur les Rapports qui lui feront donnés par lefdits Gardes de l'Orfévrerie: & que la connoiffance du furplus appartienne au Sieur Lieutenant Général de Police, &c........

ARREST DE LA COUR DES MONNOIES,
du 20 *Mars* 1741. Art. VIII.

LEs Gardes-Vifiteurs defdits Maîtres Horlogers de Paris, auront Infpection fur les Maîtres de leur Communauté, les Vifiteront exactement, tiendront la Main à l'exécution du Préfent Réglement, drefferont, ou feront dreffer des Procès-Verbaux des Contraventions qu'ils trouveront dans les Matières, qui font de la Jurifdiction Privative de la Cour, tant chez lefdits Maîtres, que chez les Compagnons, & tous autres qui travaillent fans qualité, des Ouvrages de leur Profeffion, en Or & en Argent, ou qui en font Commerce, & des Saifies qu'ils feront pour raifon defdites Contraventions ; lefquels Procès-Verbaux & Saifies, ils feront tenus de porter dans trois jours au plus tard, au Greffe de la Cour, pour y être jugés en la manière accoutumée.

LETTRES-PATENTES DU ROI, *à Verfailles*, *du* 24 *Decembre* 1746.

A Ces Caufes...... Nous avons Ordonné, & par ces Préfentes, *Signées* de Notre Main, Ordonnons que lefdits Édits, Arrêts & Réglemens concernant l'Orfévrerie, & notamment l'Arrêt du Confeil d'Etat du 30 Décembre 1679. fervant de Réglement Général, & lefdits Arrêts du Confeil du 15 Juin 1701. 15 Mai 1722. & 23 Avril 1730. feront exécutés felon leur forme & teneur ; & en conféquence, fans avoir égard à l'Arrêt de notredite Cour des Monnoies du 14 Décembre 1746. que nous avons Caffé, ni à tout ce qui s'en eft enfuivi : Faifons Défenfes à notredite Cour des Monnoies, d'Ordonner l'Apport en fon Greffe des Ouvrages & Matières d'Or & d'Argent, Saifis fur les Maîtres Orfévres de notre Bonne Ville de Paris, ou leurs Veuves, & fur tous autres Particuliers, finon dans les cas prefcrits par notre Déclaration du 23 Novembre 1721. & l'Arrêt de notre Confeil du 15 Mai 1722. lorfque lefdits Ouvrages auront été Saifis par le Fermier des Droits de Marque fur l'Or & l'Argent, & que lefdits Ouvrages ne feront Marqués d'aucuns Poinçons ou que les Poinçons auront été jugés faux. Voulons & Entendons, que conformément à l'Art. XXI. du Réglement Général fur le Fait de l'Orfévrerie rendu le 30 Décembre 1679. Notredite Cour des Monnoies ne conoiffe que de ce qui concerne le Titre, Bonté & Alliage des Matières, la Marque & le Poinçon feulement, & ce, fur les Rapports qui lui feront donnés par les Gardes de l'Orfévrerie, & que la connoiffance du furplus, & Généralement toute la Police entre lefdits Orfévres, appartiennent au Sieur Lieutenant Général de Police, &c......

TITRE XXII.

TITRE VINGT-DEUXIÉME.

GARDES-VISITEURS EN CHARGE
ET MAITRES QUI ONT POINÇON,
PRETERONT SERMENT EN LA COUR DES MONNOIES.

ARREST DE LA COUR DES MONNOIES,
du 8 Juillet 1643. Page 45.

ARREST DE LA MESME COUR,
du 13 Juillet 1654. Page 53.

ARREST DE LA MESME COUR,
du 20 Août 1654. Page 54.

ARREST DE LA MESME COUR,
du 11 Décembre 1739.

LA Cour, faifant Droit fur le Réquifitoire dudit Procureur Général, a Ordonné & Ordonne, que conformément à la Difpofition des Anciens Réglemens, & à ce qui
s'eft pratiqué depuis en conféquence ; les Gardes-Vifiteurs du
Corps & Communauté des Maîtres Horlogers de cette Ville
de Paris, qui font actuellement en Place, & ceux qui feront
Elus à l'Avenir, feront tenus dans Huitaine au plûtard après
leur Election, de fe Préfenter en la Cour, & d'y prêter Serment, à l'effet, feulement, de faire obferver par les Maîtres de
leur Communauté les Arrêts & Réglemens concernant la Fon-

M

te , le Titre des Matières d'Or & d'Argent qu'ils employent , & les Marques & Poinçons qui doivent être fur leurs Ouvrages , enfemble les Lieux où doivent être placés leurs Fourneaux , pour Fondre & apprêter lefdites Matières , & de dreffer ou faire dreffer des Procès-Verbaux des Contraventions qu'ils trouveroient auxdits Réglemens chez les Maîtres de leur Communauté & tous autres qui travailleroient fans qualité , des Ouvrages en Or ou en Argent de leur Profeffion ; enfemble des Saifies qu'ils feront pour raifon defdites Contraventions qui font de la Jurifdiction Privative de la Cour ; lefquels Procès-Verbaux ils feront tenus d'apporter au Greffe de la Cour avec les Chofes Saifies dans trois jours au plûtard , après qu'ils auront été dreffés , pour être jugés par la Cour en la manière accoutumée , &c.

ARREST DU CONSÉIL D'ÉTAT DU ROI,
à Verfailles , du 19 Novembre 1740.

LE Roi étant en fon Confeil , fans avoir égard à l'Oppofition de fon Procureur au Châtelet de Paris , Formée & Signifiée aux Gardes de la Communauté des Maîtres Horlogers de la Ville de Paris , le 5 Janvier dernier ; Ordonne que l'Arrêt de la Cour des Monnoies de Paris du 11 Décembre 1739. fera exécuté felon fa forme & teneur : Enjoint aux Gardes de ladite Communauté des Maîtres Horlogers , de s'y conformer & y fatisfaire , fans toutesfois préjudicier aux Droits de fon Procureur audit Châtelet , pardevant lequel les Elections des Gardes Horlogers continueront de fe faire ; & ceux qui auront été Elus en ladite qualité , feront tenus , immédiatement après ladite Election , de prêter , pardevant ledit Procureur de Sa Majefté audit Châtelet , le Serment en la maniere accoutumée , &c......

ARREST DE LA COUR DES MONNOIES,
du 20 Mars 1741. Art. IX.

LEfdits Gardes actuellement en Charge , & ceux qui feront Elus à l'avenir , feront tenus , huit jours au plûtard après leur Election , de fe préfenter en la Cour , & y prêteront Serment de bien & fidélement obferver & faire obferver par

les Maîtres de leur Communauté, les Edits, Déclarations,
Arrêts du Conseil & de la Cour, Ordonnances & Réglemens,
concernant la Fonte & le Titre des Matières d'Or & d'Argent qu'ils employent, & les Marques ou Poinçons qui doivent être sur leurs Ouvrages ; ensemble les Lieux où doivent
être placées leurs Forges & leurs Fourneaux, Scellés en plâtre, pour Fondre & apprêter lesdites Matières ; & de dresser
ou faire dresser des Procès-Verbaux des Contraventions qu'ils
trouvéront auxdits Réglemens, & des Saisies qu'ils feront pour
raison desdites Contraventions, qui sont de la Jurisdiction
Privative de la Cour.

TITRE VINGT-TROISIÉME.

APPRENTIS, APPRENTISSAGES,
BREVETS ET TRANSPORTS.

STATUTS de 1544. Art. V.

NE pourront aucun defdits Maîtres, prendre Apprenti ou Compagnon, qui ait été Loué à d'autres Maîtres dudit Métier, qu'il ne fache bien, préalablement, fi fon Premier Maître eft content de lui ; fur peine d'Amende, arbitraire.

EDIT DE HENRI III. à Paris, en Décembre 1581. Art. XIII.

NOus avons Ordonné & Ordonnons, que dorénavant tous Jeunes Hommes qui voudront apprendre Métier, & acquérir le dégré de Maîtrife en icelui, feront tenus de faire leur Apprentiffage durant le tems porté par les Status de leur Métier, fans que les Maîtres fous lefquels ils feront leurdit Apprentiffage, puiffent les en difpenfer ou diminuer ledit tems, en faveur des prix extraordinaires & exceffifs qu'ils pourroient leur faire payer pour leurdit Apprentiffage, & ce, fous un même Maître fans intermiffion, fi lefdits Maîtres ne décèdent durant icelui, auquel cas ils achéveront leurdit Apprentiffage fous un autre Maître, ainfi qu'il eft accoûtumé faire , fur peine d'être Déclarés déchus du Droit de Maîtrife & d'y pouvoir parvenir en aucune forte & manière ; duquel Apprentiffage lefdits Maîtres feront tenus de leur bailler Certificat à la première Réquifition qui leur en fera faite, fur

peine de 10 Ecus d'Amende, Applicable le Tiers à Nous,
le Tiers audit Apprenti Dénonciateur, & le Tiers aux Pauvres
du Lieu.

STATUTS *de* 1583. Art. VIII.

NE pourront les Maîtres Horlogers fouftraire les Serviteurs & Apprentis les uns des autres, ni retirer & bailler
à Befogner aux Compagnons & Serviteurs dudit Métier, que
premièrement ils ne fe foient enquis des Maîtres fous lefquels
lefdits Apprentis ou Compagnons auront fait leur dernier
Service, des Caufes pour lefquelles ils auront laiffé leurdit
Service ; à peine d'Amende : & feront tenus lefdits Compagnons & Serviteurs de prendre Congé par Ecrit fous le Seing
de leurs Maîtres.

ORDONNANCE DE HENRI IV. *à Fontaine-* *bleau, en Mai* 1599. Art. II.

NE pourront lefdits Maîtres Orfévres, donner Gages,
Argent, ou Récompenfe aucune, durant ou après les
huit Années finies & accomplies, pour le tems d'Apprentiffage, à leurs Apprentis, de quelque âge, Nation ou Condition qu'ils foient, fur peine aux Contrevenans de 50 Ecus
d'Amende.

Nota. *Quoique cette Ordonnance ne paroiffe regarder que les*
Orfévres, elle a néanmoins lieu pour les autres Corps & Com-
munautés d'Arts & Métiers. En effet, elle eft fondée en bonnes
raifons. Un Apprenti, qui eft obligé fous un Maître pour gagner
Maîtrife, lui doit tout fon temps & fes Services ; telle eft la na-
ture de fon Engagement, & la Condition fous laquelle il peut
acquérir la Franchife. Car nul ne peut être réputé ce qu'on appel-
le Apprenti pour gagner Maîtrife, s'il gagne en même temps de
l'Argent : Cela eft fi certain, que l'on ne peut point Stipuler dans
un Brevet d'Apprentiffage, de pareilles Conditions, & que les
Billets Particuliers & fecrets que les Maîtres pourroient faire à
leurs Apprentis, pour leur promettre Salaires ou Récompenfes,

font fi illufoires, qu'ils font Déclarés nuls, lors qu'ils paroiffent
en Juftice, & ceux qui les ont fait, Condamnés en l'Amende.
Ce n'eft pas fans Caufe ; parce qu'un pareil Abus ne fert qu'à
affoiblir l'autorité du Maître, à éloigner l'Apprenti de l'Obéïf-
fance & de la Soumiffion qu'il lui doit, à favorifer fon indoci-
lité, & fouvent à le rendre Vagabond & Libertin.

STATUTS de 1646. Art. III.

LEs Maîtres dudit Art, ne pourront prendre aucun Apprenti pour moins de Huit Ans, & ne pourront lefdits Maîtres prendre un Second Apprenti, que le Premier n'ait fait les fept premières Années de fon Apprentiffage, fous peine de 50 liv. d'Amende aux Contrevenans.

MESMES STATUTS, Art. IV.

APrès que les Apprentis auront fait quelque temps chez leurs Maîtres, & qu'ils vouluffent enfuite fe féparer du confentement l'un de l'autre, lefdits Maîtres feront obligés d'apporter le Brevet auxdits Gardes, pour remettre ledit Apprenti chez un autre Maître pour parachever le tems qui reftera de fon Brevet, fous peine de pareille Amende aux Contrevenans.

MESMES STATUTS, Art. X.

LEs Veuves des Maîtres jouïront pendant leur Viduité, des mêmes Priviléges de leurs Maris, à la réferve qu'elles ne pourront prendre aucun Apprenti.

MESMES STATUTS, Art. XXIII.

LEs Fils de Maîtres qui feront obligés à quelques autres Maîtres Horlogers pour apprendre ledit Art d'Horloger, feront tenus de faire & parfaire le temps convenu entre les Parties.

SENTENCE DE POLICE, *du* 27 *Mai* 1707.

PArties oüies; Nous après avoir oüis les Gens du Roi, avons reçu Jacques Thuret & Henri Martinot [Horlogers des Galeries du Louvre] Parties de Pillon , Parties intervenantes. Ordonnons que les Edits & Déclarations concernant les Ouvriers à qui le Roi a bien voulu accorder des Demeures dans les Galeries du Louvre , feront exécutés felon leur forme & tenur ; ce faifant, les avons maintenus & gardés dans la faculté d'avoir des Apprentis qui n'auront point travaillé chez les Maîtres de Paris ; leur Défendons d'en prendre qui ayent travaillés chez lefdits Maîtres , à peine de nullité des Brevets , d'Amende & de tous Dommages & Intérêts. Enjoignons à tous ceux qui ont des Logemens dans lefdites Galeries du Louvre , d'y travailler & faire travailler , & non ailleurs ; leur Défendons d'avoir des Ouvriers hors leurfdits Logemens , fi ce n'eft en cas de néceffité abfolue , en conféquence des Permiffions particulieres que nous leur en donnerons , à condition que lefdits Ouvriers continueront de coucher fous le même Toit que leurs Maitres , & d'être à leur Table & à leur Feu , fuivant les Réglemens de Police ; & que même lefdits Ouvriers extraordinaires feront indiqués , par Etat , aux Gardes-Vifiteurs Horlogers , Parties de Barbier...... Ordonnons que nous nous tranfporterons fur les Lieux , pour connoître fi dans les Logemens qui leur ont été donnés par le Roi , il n'y a pas une Place fuffifante & convenable pour le travail du Maître & de l'Apprenti , &c......

STATUTS *de* 1707 Art. III.

NUl Maître de ladite Communauté , ne pourra recevoir aucun Apprenti , qu'au deffous de 20 Ans. Voulons que les Horlogers de notre Galerie du Louvre , foient tenus de fe conformer à leurs Priviléges , pour la Réception de leurs Apprentis ; & afin que lefdits Apprentis foient connus des Gardes de ladite Communauté , leurs Brevets foient préfentés auxdits Gardes , pour être par eux Regiftrés fur leur Regiftre ; fans néanmoins qu'il foit payé aucun Droit pour l'Enregiftrement defdits Brevets.

Nota. Les Privilégiés des Galeries du Louvre prétendent, que leurs Apprentis ne doivent faire que cinq Années d'Apprentissage, dans tel Etat ou Profession que ce soit. On lit cependant, dans les Lettres-Patentes de Henri IV. à Paris, du 22 Décembre 1608. pour l'Etablissement de ces Privilégiés & leurs Privileges, que leurs Apprentis seront admis à la Maîtrise, après avoir fait apparoir de leurs Contrats portant Obligation pour leurdit Apprentissage passés pardevant Notaires ou Tabellions, & des Certificats dûement expédiés de leursdits Maîtres, comme ils auront employés audit Apprentissage le temps requis & accoutumé en chacun Art & Métier, &c...... Les Apprentis Orfévres desdites Galeries du Louvre, sont obligés de faire huit Années d'Apprentissage comme les autres Apprentis de Ville, ce qui leur a été prescrit par un Arrêt de la Cour des Monnoies du 24 Février 1672. & ensuite jugé contradictoirement par autre Arrêt de la même Cour, du 15 Décembre 1685. qui fait en même temps Défenses aux Maîtres Orfévres desdites Galeries, de faire aucuns Brevets d'Apprentissage pour moins de huit Années. Enfin, voici le Dispositif d'un Arrêt du Conseil d'Etat du Roi, à Versailles, du 28 Février 1749. Obtenu par le Sr...... Apprenti Horloger desdites Galeries, qui n'avoit fait que cinq Années d'Apprentissage qu'il avoit commencé Majeur de 25. & dont le Brevet n'avoit point été Regiſtré au Bureau de la Communauté, ce qui étoit, en tout, contraire à ses Statuts & Réglemens : Le Roi étant en son Conseil, ayant égard à la Requête, par grace & sans tirer à conséquence, à autorisé & autorise la Communauté des Maîtres Horlogers de Paris, à recevoir le Sr...... Maître de ladite Communauté, en vertu de son Contrat d'Apprentissage du 22 Octobre 1743. quoiqu'il fut Majeur de 25 ans lors de la Passation dudit Acte ; qu'il ne se soit engagé que pour 5 Années, au lieu de 8. prescrites par les Statuts de ladite Communauté, & qu'il n'ait employé à son Apprentissage que ledit temps de 5 Années, Sa Majeſté Dérogeant à cet effet, pour cette fois & en faveur dudit Sr..... seulement, auxdits Statuts, & à l'Article III. des Lettres-Patentes portant nouveau Réglement pour ladite Communauté du 26 Juillet 1707. &c...... *Après ce que deſſus, & ces Autorités ; il eſt hors de doute que les Apprentis de ces Galeries,*

doivent

doivent chacun se conformer pour le temps de l'Apprentissage &
pour l'Age de le commencer, à ce qui est porté par les Statuts
& Réglemens de l'Art ou Profession qu'ils veulent embrasser.

ARREST DU PARLEMENT, *du* 8 *Août* 1708.

LA Cour..... Déclare la Saisie faite sur N.....Bon-
ne & valable. Ordonne que Martinot & Thuret, Parties de Pipault, ne pourront à l'avenir prendre pour Apprentis, ceux qui auront été obligés chez les Maîtres en
qualité d'Apprentis, & que ceux qui seront obligés chez
les Parties de Pipault, en ladite qualité d'Apprentis, ne pourront travailler ailleurs que dans la Galerie du Louvre, &c...

SENTENCE DE POLICE, *du* 19 *Janvier* 1742.

ORdonnons que les Statuts, Ordonnances & Réglemens
Anciens & Nouveaux de la Communauté des Horlogers,
seront exécutés selon leur forme & teneur, nonobstant tous
usages à ce contraires ; notamment l'Art. III. & XX. des
Statuts & Lettres-Patentes donnés par le Roi le 20. Février
1646. ensemble la Sentence de Police du 27 Mai 1707. & l'Arrêt du Parlement rendu sur icelle, le 8 Août 1708. En conséquence : Qu'il ne sera passé, à l'avenir, aucun Brevet d'Apprentissage que pour Huit Années entières & consécutives,
sur peine de Nullité desdits Brevets. Qu'aucun Maître ne pourra prendre un Second Apprenti, que le Premier n'ait fait les
Sept premieres Années de son Apprentissage. Que lesdits Apprentis seront tenus de servir leurs Maîtres pendant lesdites
Huit Années entières & consécutives, sans que lesdits Maîtres puissent leur remettre aucune partie du temps desdites
Huit Années, pour leur Permettre d'aller travailler ailleurs.
Que tous les Brevets d'Apprentissage & leurs Transports,
seront passés au Bureau de la Communauté, & par le Notaire
d'icelle, en présence des Gardes-Visiteurs alors en Charge,
pour ce assemblés à jours fixes & indiqués, sur peine de nullité desdits Brevets. Que les Maîtres ne pourront prêter directement ni indirectement leurs Noms à aucun Apprenti, & que

les Apprentis feront tenus, pendant tout le temps de leur Apprentiffage, de demeurer chez leur Maître, de Coucher fous le même Toit, & d'être à leur Table & à leur Feu. Que tous les Maîtres, dont les Apprentis feront Abfens ou Fugitifs de chez eux, feront tenus dans le Mois au plus tard de leur Abfence, d'en donner Avis aux Gardes-Vifiteurs en Charge, & de leur remettre les Brevets defdits Apprentis, pour faire mention de leur Abfence fur iceux & fur leur Regiftre; lefquels Brevets feront enfuite rendus auxdits Maîtres, fi les Apprentis reviennent pour finir le refte defdites Huit Années d'Apprentiffage, déduction faite du temps qu'ils auront été Abfents: Le tout au cas que lefdits Maîtres n'ayent point repris d'autres Apprentis; autrement lefdits Brevets feront tranfportés par les Gardes-Vifiteurs, à d'autres Maîtres qui n'auront point d'Apprentis, ou auxquels, il pourroit alors être permis d'en prendre. Et que les Maîtres qui prendront des Alloués, feront tenus & obligés d'en rapporter aux Gardes-Vifiteurs en Charge, dans Huitaine au plûtard, les Marchés ou Conventions qu'ils en auront paffés, foit pardevant Notaires ou fous Signatures privées, pour être par eux Enregiftrés; fur peine de Nullité defdits Marchés pour le Profit que lefdits Maîtres pourront y avoir. Ordonne en outre, qu'à la Diligence de Henri-Philippe De Lorme, Claude Raillard, Jean Goret, & Louis Jouard, Gardes-Vifiteurs en Charge, la Préfente Sentence fera tranfcrite fur le Regiftre de la Communauté, Imprimée, Lûe, Publiée & Affichée dans le Bureau d'icelle, & par tout ailleurs ou befoin fera; & qu'il en fera diftribué un Exemplaire Imprimé, à chacun des Maîtres de la Communauté, pour qu'ils n'en puiffent prétendre caufe d'ignorance, & qu'ils ayent à s'y conformer, fous les Peines & Amendes portées auxdits Statuts, Ordonnances & Réglemens, ce qui fera exécuté nonobftant toutes Oppofitions ou Appellations quelconques, & fans préjudice d'icelles, &c.....

SENTENCE DE POLICE, du 27 Avril 1742.

FAifons Défenfes aux Veuves de Maîtres Horlogers, de faire & continuer aucun Apprenti, lefquelles feront tenus incontinent après le Décès de leurs Maris, de remettre entre les mains des Gardes-Vifiteurs de leur Communauté , les Brevets d'Apprentiffage commencés, pour être pourvû d'un autre Maître à l'Apprenti, & parachever le temps qui en reftera à expirer, à peine de Nullité, &c......

ARREST DU CONSEIL D'ÉTAT DU ROI,
à Verfailles, du 4 Août 1743.

SA Majefté étant en fon Confeil, a Ordonné & Ordonne, Que tous les Garçons auxquels le Sort eft échu à la Milice de Paris, & qui étoient en Apprentiffage ou Compagnons chez des Marchands des fix Corps, ou chez des Maîtres des Communautés , pourront après leurs fix Années de Service accomplies , & qu'ils auront obtenu des Congés abfolus, fe préfenter pour être reçus Marchands ou Maîtres defdites Communautés, fi pendant leurs fix Années de Service Militaire, le temps de leur Apprentiffage ou Compagnonage eft expiré ; & dans le cas où il leur refteroit encore un Service à faire après lefdites fix Années, qui leur feront comptées comme s'ils étoient réellement reftés chez les Marchands ou Maîtres , foit comme Apprentis , foit comme Compagnons , ils pourront le finir chez les mêmes Marchands ou Maîtres, ou chez tels autres qu'ils voudront choifir, fans qu'on puiffe leur imputer, ni l'Age ni l'interruption du temps, & fans qu'ils foient obligés de tranfporter ni valider leurs anciens Brevets. Veut Sa Majefté, que tous les Garçons & Compagnons qui feront dans ce cas, foient admis à la Maîtrife fans difficulté, après leur Apprentiffage & Compagnonage finis , de la manière ci-deffus expliquée, en juftifiant, feulement de leurs anciens Brevets, & des Certificats de leur Service. Permet Sa Majefté aux Marchands des fix Corps, & aux Maîtres des Communautés, de recevoir chez eux , ceux defdits Miliciens qui voudront reprendre leur état, & de leur donner les Brevets & Certificats dont ils auront befoin, pour le tems qui reftera à expirer de leurs Anciens Engagemens, fans qu'ils puiffent être inquiétés ; Dérogeant à cet effet, pour ce regard feulement, aux Statuts & Réglemens des Communautés. Et en cas de Conteftations, Veut Sa Majefté, qu'elles foient portées devant le Sieur Lieutenant de Police, pour les juger sommairement, lui en attribuant toute Cour, Jurisdiction & connoissance, & icelle interdisant à toutes les Cours & autres Juges, Sauf l'Appel au Conseil, &c......

Nota. C'est une Opinion assés commune à Paris, que le temps d'un Apprenti qui s'engage au Service du Roi, court pendant qu'il est à l'Armée, comme s'il étoit chez son Maître d'Apprentissage. L'on ne peut faire revenir le Public de cette idée, qui est une erreur bien certaine. Pour qu'un Apprenti pût jouir d'une telle grace, il faudroit que quelqu'un de nos Rois la lui eut accordée; mais il ne se trouve aucune de leurs Ordonnances sur ce sujet, & il ne paroît pas même probable qu'il y en ait jamais eû. La preuve la plus sensible qu'on puisse en donner, c'est que s'il y en eût eû, l'Arrêt du Conseil, ci-dessus, pour les Miliciens de Paris, auroit été inutile. Leur cas est bien different, de celui de ceux qui s'engagent volontairement; le Milicien de Paris ne l'a été que pour obéir aux Ordres du Roi, il a été obligé de tirer au Billet, le Sort lui est tombé, il a fallu qu'il quitte malgré lui son Maître d'Apprentissage, & qu'il abandonne en même tems un Commerce ou un Art utile à l'Etat, auquel il s'étoit devoué & qu'il avoit embrassé: il mérite donc une grace particuliere, qu'on peut même appeller Justice; aussi le Roi la lui a t-il fait par cet Arrêt. Mais il n'en est pas de même de l'Apprenti qui quitte son Maître volontairement, pour s'engager; il ne le fait ordinairement que par libertinage, aussi n'y a t-il point eû d'Ordonnance en sa faveur: c'est pourquoi le tems porté par son Brevet d'Apprentissage, ne peut ni ne doit courir, depuis son absence de chez son Maître, comme il coure pour le Milicien de Paris, quoiqu'ils soient l'un & l'autre engagés au Service du Roi.

ARREST DU PARLEMENT,
du 1. Mars 1747.

NOtredite Cour, faisant Droit sur l'Appel, à mis & met l'Appellation & ce dont est Appel au Néant, en ce que la Partie de Georgeon, a été déchue de la Maîtrise, il a été Ordonné que son Poinçon seroit Rayé & Biffé, & qu'il lui a été fait Défenſe d'exercer la Profeſſion d'Orfévre. Emendant quant à ce , par grace & ſans tirer à conſéquence , Ordonne que le Poinçon de la Partie de Georgeon , qui eſt ſous le Scellé , lui ſera rendu...... Fait Défenſe à ladite Partie de Georgeon , de récidiver , & à tous Maîtres & Marchands Orfévres de prêter leurs Poinçons & leurs Noms à aucuns Compagnons ou Apprentis Orfévres , à peine , par les Maîtres Orfévres d'être déchus de la Maîtriſe...... Fait pareillement Défenſes à tous Compagnons & Apprentis de travailler pour leur compte particulier & ſous le Poinçon & la Protection des Maîtres & Veuves , à peine d'être Privés de l'Admiſſion à la Maîtriſe : La Sentence au réſidu ſortiſſant effet , &c.

Nota. Quoique cet Arrêt n'ait point été rendu pour les Horlogers , il ne les concerne pas moins ; par le Droit qu'ils ont , comme les Orfévres, de Fabriquer leurs Ouvrages de Matières d'Or & d'Argent & par l'obligation où ils ſont egalement de les Marquer de leur Poinçon. Le Poinçon d'un Maître , étant ſon véritable Sceau & comme ſa Signature qui le rend reſponſable de la qualité des Ouvrages qui en ſont Marqués , il lui eſt de la derniere conſéquence de ne le prêter ni même confier en garde à telle Perſonne que ce puiſſe être , pour éviter les inconvéniens qui pourroient en arriver & les Condamnations auxquelles il s'expoſeroit qui en ſeroient les ſuites. Ce ſont donc ces inconvéniens qui font les motifs de la Défenſe des Protections , portée par cet Arrét , qui d'ailleurs , ne ſont pas moins Défendues dans tous autres cas que celui-ci , par différens Réglemens & Ordonnances. l'Article III. de celle de Henri IV. du Mois de Mai 1599. y eſt formel. Il Défend de Prêter ni Louer ſon Poinçon à aucune Perſonne de quelque qualité ou condition qu'elle ſoit , à peine de cinquante Ecus d'Amende. Outre la Défenſe , de prêter ſon Poinçon , portée par cet Arrêt , il Défend encore aux Apprentis & aux Compagnons de travailler pour leur compte particulier. Cet Abus , quoique moins dangereux que celui de prêter ſon Poinçon , n'en eſt pas moins réprehenſible , puiſque , par cet Arrêt , il porte la peine , DE NE POUVOIR PARVENIR A LA MAITRISE. Quoiqu'il n'y ait ici de peine prononcée que contre les Apprentis & les Compagnons ; les Maîtres & les Veuves qui ſe prêtent à

ces Abus, ne font pas moins fujets à la rigueur des Ordonnan-
ces : C'eft ce qu'on verra ci-après au Titre XXIX. *des* PRO-
TECTIONS DÉFENDUES. *Au refte, par la Sentence fur*
laquelle l'Arrêt ci-deffus a été rendu, le Maître étoit déchu de
fa Maîtrife, il lui étoit Defendu d'exercer la Profeffion d'Or-
févre, & fon Poinçon devoit être Rayé & Biffé : C'eft fur ces
trois Chefs que le Parlement lui a fait grace, fans tirer à con-
féquence : mais il a confirmé la Sentence au furplus, qui Con-
damne le Protégeant & le Protégé folidairement en 200. *livres*
de Dommages & Intérets envers les Gardes Orfévres, & en
tous les Depens.

SENTENCE DE POLICE, *du 9 Juin* 1747.

PArties Oüies, Lecture faite des Pièces...... Difons que les Statuts & Réglemens de la Communauté des Maîtres Horlogers, feront exécutés felon leur forme & teneur ; En conféquence Faifons Défenfes à tous Maîtres de Quittancer le Brevet de leurs Apprentis, qu'ils n'ayent fait chez eux le temps de leur Apprentiffage, &c......

AVIS DE M. LE PROCUREUR DU ROI,
du 4 Août 1747.

NOus Difons que les Statuts & Réglemens des Horlo- gers & la Sentence du 19 Janvier 1742. rendue en la Chambre de Police, feront exécutés felon leur forme & te- neur ; En conféquence faifons Défenfes à tous Maîtres Hor- logers de prêter leurs Noms à aucun Apprenti pour travail- ler ailleurs que chez eux, à peine de 50 livres d'Amende applicable au Profit de ladite Communauté, & de plus gran- de Peine s'il y échet : leur Enjoignons fous les mêmes Peines, de remettre leurs Brevets aux Gardes-Vifiteurs auffitôt l'ab- fence de leurs Apprentis ; & pour la Contravention commife par led...... d'avoir prêté fon Nom à Jean-Chrétien Pour- pry, le Condamnons en l'Amende de 10 livres Applicable au Profit de la Communauté des Horlogers & aux Dé- pens , &c......

AVIS DE M. LE PROCUREUR DU ROI,
du même jour 4 Août 1747.

NOus Difons que dans trois jours pour tout Délai, la Partie de Semillard, [Louife Briand, Veuve de Jean-Baptifte Carré, Compagnon Horloger] fera tenue de faire faire à fes frais un Tranfport à un Maître Horloger du Brevet en queftion, pour y parachever le temps porté en icelui, finon & à faute de ce faire dans ledit temps, avons ledit Brevet déclaré nul, avec Dépens ; & comme tel Difons qu'il fera renfermé dans le Coffre de la Communauté. Comme auffi Difons que les Statuts & Réglemens de la Communauté des Horlogers, enfemble la Sentence de Police du 19 Janvier 1742. Seront exécutés felon leur forme & teneur : En conféquence que le temps porté par les Brevets d'Apprentiffage fe fera de fuite & fans interruption, fi ce n'eft pour changement de Maître à caufe de Mort ou autrement, auquel cas l'Apprenti fera tenu dans le délai de trois Mois au plus tard de trouver un autre Maître, le tout à peine de Nullité des Brevets ; & fera fait mention dans lefdits Brevets de notre Préfent Jugement, afin que les Apprentis n'en ignorent, &c.......

SENTENCE DE POLICE, *du 11 Août* 1747.

NOus avons l'Avis du Procureur du Roi, du 4 Août préfent Mois confirmé ; En conféquence Difons qu'il fera exécuté felon fa forme & teneur, avec Dépens ; & fera notre Préfente Sentence Imprimée par Extrait, & diftribuée aux Maîtres de la Communauté, &c......

SENTENCE DE POLICE, *du même jour* 11 *Août* 1747.

PArties Oüies, fans que les qualités puiffent nuire ni préjudicier : Nous avons l'Avis du Procureur du Roi confirmé avec Dépens ; En conféquence, Ordonnons, que dans trois jours, pour tout Délai, la Partie de Semillard, le jeune,

[Louife Briand Veuve de Jean-Baptifte Carré, Compagnon Horloger , Stipulante pour Pierre-Jean Carré fon Fils] fera tenue de faire faire à fes frais un Tranfport à un Maître Horloger , du Brevet dudit Pierre-Jean Carré, fon Fils, pour y parachever le temps porté en icelui, finon & à faute de ce faire dans ledit temps , avons ledit Brevet déclaré Nul , avec Dépens; & comme tel, Ordonnons, qu'il fera renfermé dans le Coffre de la Communauté. Comme auffi, Ordonnons, que les Statuts & Réglemens de la Communauté des Horlogers , enfemble la Sentence de Police du 19 Janvier 1742. feront exécutés felon leur forme & teneur ; En conféquence , que le temps porté par les Brevets d'Apprentiffage , fe fera de fuite & fans interruption , fi ce n'eft pour changement de Maître à caufe de Mort ou autrement , auquel cas l'Apprenti fera tenu dans le Délai de trois Mois au plûtard , de trouver un autre Maître , le tout à peine de Nullité des Brevets ; & fera fait mention de notre Préfente Sentence dans les Brevets d'Apprentiffage , afin que les Apprentis n'en ignorent : ce qui fera exécuté nonobftant & fans préjudice de l'Appel , &c......

SENTENCE DE POLICE, *du 1.Septembre 1747.*

PArties Oüies...... Lecture faite des Pièces , Nous Déboutons la Partie De Denis...... [Maître Horloger] de fon Oppofition, Difons que notre Sentence dudit jour 11 Août dernier fera exécuté felon fa forme & teneur........ En conféquence, que les Statuts & Réglemens des Maîtres Horlogers, & la Sentence du 19 Janvier 1742. rendue en la Chambre de Police, feront exécutés felon leur forme & teneur...... Faifons Défenfes à tous Maîtres Horlogers de prêter leurs Noms à aucuns Apprentis pour travailler ailleurs que chez eux à peine de 50 livres d'Amende Applicable au Profit de ladite Communauté, & de plus grande peine s'il y échet; leur Enjoignons fous les mêmes peines de remettre leurs Brevets aux Gardes-Vifiteurs auffi-tôt l'Abfence de leurs Apprentis : & pour la Contravention commife par le dit...... & avoir prêté fon Nom à Jean-Chrétien Pourpry ,

le

le Condamnons en l'Amende de dix livres Applicable au Profit de ladite Communauté, & aux Dépens; & fera notre Sentence Imprimée par Extrait & Diftribuée à tous les Maîtres de la Communauté, &c......

ARREST DU PARLEMENT, du 9 Février 1748.

NOtredite Cour Ordonne que l'Article XLII. de l'Edit d'Etabliffement dudit Hôpital Général, du Mois d'Avril 1656. Enregiftré en icelle le premier Septembre fuivant, enfemble les Arrêts de notredite Cour des...... feront exécutés felon leur forme & teneur; en conféquence, fait Défenfes à tous Notaires de Recevoir, Paffer & Délivrer aucuns Brevets d'Apprentiffages, & aux Marchands & Gardes des Six Corps, Jurés & Maîtres des Communautés des Arts & Métiers de cette Ville & Fauxbourgs de Paris, de les *Signer* & Enregiftrer qu'on ne leur ait fait apparoir & juftifier de la Quittance du Receveur de l'Hôpital Général : Enjoint auxdits Notaires de faire mention dans les Expéditions qu'ils délivreront, & aux Gardes & Jurés dans leurs Enregiftremens de la Repréfentation qui leur aura été faite de la Quittance du Receveur dudit Hôpital Général, à peine d'en répondre par les uns & par les autres perfonnellement en leurs Noms, & de 50 livres d'Amende contre chaque Contrevenant & pour chaque Contravention, Applicable au Profit des Pauvres dudit Hôpital : Enjoint pareillement aux Gardes des Six Corps & aux Jurés des Communautés de donner tous les trois Mois, au Receveur dudit Hôpital, des Etats exacts Certifiés d'eux de tous les Apprentis qu'ils auront fait dans leurs Corps & Métiers, & de tous les Marchands & Maîtres qu'ils auront reçus pendant ledit temps, le tout fous les mêmes peines d'en répondre en leurs Noms perfonnels, & de 50 livres d'Amende Applicable comme deffus : Ordonne en outre que le Préfent Arrêt fera Imprimé & Signifié à la Requête des Sieurs Directeurs & Adminiftrateurs de l'Hôpital Général de Paris, tant au Syndic des Notaires qu'à toutes les Communautés des Marchands, Arts & Métiers de cette Ville de Paris, lefquels feront tenus de l'inscrire, chacun à leur égard, dans leurs Registres, & de s'y conformer à l'avenir, sous les Peines ci-dessus, &c.

Nota. Cet Arrêt a été Signifié au Bureau des Horlogers, le 30 Mai suivant.

AVIS DE M. LE PROCUREUR DU ROI, du 27 Août 1748.

DIsons que, sans s'arrêter ni avoir égard aux Demandes des Parties de Perrard, [Louis Dauzet, Gabriel Clouet & André-Alexandre Le Roi, Apprenti] dont les Déboutons, le Brevet d'Apprentissage dont il s'agit, sera exécuté selon sa forme & teneur, & en conséquence Condamnons les Parties de Perrard, solidairement ainsi qu'ils y sont solidairement obligés par ledit Brevet, à ramener dans Huitaine pour tout Délai, l'Apprenti chez la Partie de De La Rivoire, pour y parachever son temps porté par ledit Brevet, & enjoignons audit Apprenti de faire son devoir & porter Honneur & Respect à sondit Maître, sinon & à faute de ce faire dans ledit Délai de Huitaine & icelui passé, en Vertu du Présent Jugement & sans qu'il en soit besoin d'autre, le Brevet demeurera Nul & résolu, dont sera fait mention sur la Minute d'icelui, & sur le Registre de la Communauté des Maîtres Horlogers, à l'effet que ledit Apprenti ne puisse s'en prévaloir ni s'en attribuer aucune qualité ; & permis à la Partie de De La Rivoire, de se pourvoir d'un autre Apprenti ; & Condamnons les Parties de Perrard aux Dépens, &c......

SENTENCE DE POLICE, du 20 Décembre 1748.

NOus...... Avons l'Avis du Procureur du Roi, du 27 Août dernier confirmé....... sans avoir égard à l'Ecrit du 6 Décembre 1742. que nous Déclarons Nul..... sans pouvoir exiger aucune chose de son Maître ni rien faire pour son Compte particulier... & Condamnons en tous les Dépens, &c.

Nota. L'Ecrit du 6 Décembre 1742. Déclaré Nul par la Sen-

tence ci-deſſus, étoit un Billet ſous Signature Privée, que le Maître avoit donné le lendemain de la Paſſation du Brevet, à ceux qui avoient obligé l'Apprenti, par lequel Billet le Maître promettoit & s'engageoit de donner audit Apprenti les trois der-nieres Années du temps de ſon Apprentiſſage, & de lui payer ſes Ouvrages pendant leſdites trois Années ſur le Pied d'un Compagnon. Ces ſortes de Billets ne valent rien & ſont toujours Déclarés Nuls : Voyés, à ce ſujet, la Note ci-devant à la ſuite de l'Ordonnance de Henri IV. du Mois de Mai 1599. P. 93.

SENTENCE DE POLICE, *du 31 Janvier* 1749.

NOus Avons les Parties de Perrard, [Louis Dauzet, Ga-briel Clouet, & André-Alexandre Le Roi] Débou-tés de leur Oppoſition ; Diſons que notre Sentence du 20. Décembre dernier ſera exécutée ſelon ſa forme & teneur ; Condamnons les Parties de Perrard aux Dépens , &c....

SENTENCE DE POLICE, *du 14 Mars* 1749.

NOus Avons les Parties de De La Broſſe, [Louis Dau-zet, Gabriel Clouet, & André-Alexandre Le Roi,] Déclarés non recevables dans leur Seconde Oppoſition : Di-ſons que nos Sentences du 20 Décembre & 31 Janvier der-nier, feront exécutées ſelon leur forme & teneur ; Condam-nons les Parties de De La Broſſe en tous les Dépens , &c...

SENTENCE DE POLICE, *du 22 Août* 1749.

NOus...... Avons ledit Appel Déclaré Déſert & péri ; en conſéquence, Ordonnons que nos trois Sentences des 20 Décembre, 31 Janvier & 14 Mars dernier, feront exé-cutées ſelon leur forme & teneur...... Diſons qu'à la première Sommation au Domicile de Me. Perrard , il ſera fait men-tion ſur le Regiſtre de la Communauté des Maîtres Horlo-gers à Paris, en Marge de l'Enregiſtrement du Brevet dudit Le Roi, que ledit Brevet demeure Nul & ſans effet, ainſi qu'il eſt dit par noſdites Sentences, laquelle mention ſera pa-

reillement faite sur la Minute dudit Brevet & sur l'expédition
d'icelui...... En conséquence faisons Défenses audit Le Roi,
de prendre la qualité d'Apprenti, & Permis à la Partie de
Thiébart, de le pourvoir d'un autre Apprenti : Condamnons
les Parties de Perrard, en tous les Dépens, &c......

ARREST DU PARLEMENT, du 24
Juillet 1751.

NOtredite Cour reçoit les Parties de Doulcet, [Louis
Dauzet, Gabriel Clouet, & André-Alexandre Le Roi]
Oppofantes à l'Arrêt par Défaut, au Principal faifant Droit
fur l'Appel, fans s'arrêter aux Requêtes & Demandes des
Parties de Doulcet; à mis & met l'Appellation au Néant ; Or-
donne que ce dont eft Appel fortira de fon plein & entier
effet : Condamne les Parties de Doulcet, en l'Amende de 12
livres ; Déclare l'Arrêt commun avec Clouet, autre Partie de
Doulcet ; Condamne les Parties de Doulcet aux Dépens des
Caufes d'Appel & Demandes, &......

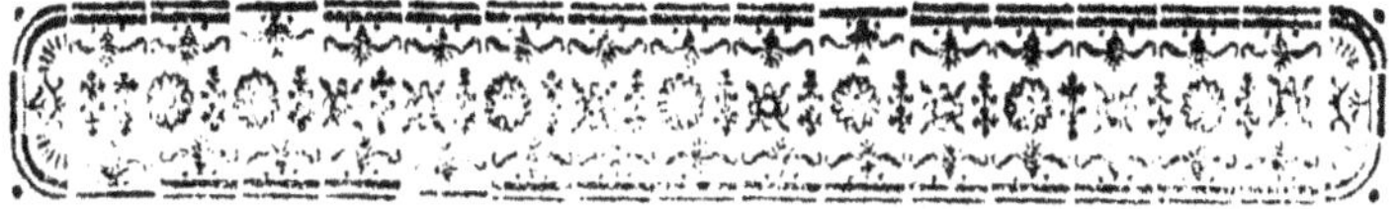

TITRE VINGT-QUATRIEME.

ALLOUÉS.

STATUTS de 1646. Art. XX.

IL fera Permis à un Maître de prendre un Garçon qui aura quelque commencement & connoiffance de l'Art, pour tel temps & pour tel prix qu'ils conviendront enfemble, pourvû que tel marché ne porte préjudice à la Communauté, & qu'il n'affranchiffe ledit Garçon ; pourquoi le Maître qui aura fait tel marché, fera tenu de le porter le lendemain aux Gardes-Vifiteurs, pour l'Enregiftrer fur le Regiftre de la Communauté, fur peine de 100 livres d'Amende, Applicable comme deffus.

SENTENCE DE POLICE, du 19 Janvier 1742.
Page 97.

Nota. *Il y a de deux fortes d'Alloués. Les uns font des Apprentis, qui après avoir fini le temps de leur Apprentiffage chez un Maître avec lequel ils fe font engagés par Brevet paffé en bonne forme fuivant les Statuts de la Communauté pour gagner le Droit à la Maîtrife, s'engagent enfuite avec un autre Maître pour un certain temps limité dont ils conviennent enfemble, pour achever de fe perfectionner. Les autres, font de Jeunes Gens, qui fans afpirer à la Maîtrife, veulent feulement apprendre l'Art ou s'y rendre plus Habiles s'ils en ont déja un commencement, pour n'en travailler enfuite qu'en qualité de Compagnons ; & ceux-ci s'engagent de même avec un Maître pour un temps limité. Tous ces Engagemens se font, ou par des Ecrits sous Signatures Privées faits doubles entre les Parties, ou par des Actes passés devant Notaires. Ces Actes ou Ecrits doivent, suivant les Ordonnances ci-dessus, être connus des Gardes-Visiteurs & par eux egalement Enregistrés, comme les Brevets en forme pour gagner Maîtrise. Mais ce qu'il faut y observer, principalement à ceux qui sont passés devant Notaires: C'est de prendre garde que l'on n'ait donné à ces Alloués la qualité d'Apprenti: C'est à quoi Messieurs les Gardes Visiteurs doivent faire attention lors qu'on leur porte ces Actes à Enregistrer, pour eviter les inconvéniens qui pourroient en arriver & les Procès que ce Mot mal placé pourroit occasionner.*

TITRE VINGT-CINQUIÉME.

COMPAGNONS.

STATUTS de 1544. Art. V.   Page 92.

STATUTS de 1583. Art. IV.

POurront lefdits Gardes-Vifiteurs , au cas qu'ils trouvent aucuns Compagnons travaillans hors les Boutiques & Maifons des Maîtres , Prendre, Saifir , & Enlever tous leurs Ouvrages, comme auffi leurs Outils , & autres Uftanciles fervans audit Métier , & iceux faire affigner pour voir le tout Confifquer , & eux Condamnés en l'Amende , telle que de raifon.

MESMES STATUTS, Art. VIII.   Page 93.

STATUTS de 1646. Art. V.

LEs Compagnons ne pourront changer de Maîtres , fi ce n'eft du confentement du Maître où ils demeureront ; autrement ils feront obligés de Sortir de la Ville & Banlieue de Paris , au moins trois Mois , fous peine d'Amende comme deffus.

MESMES STATUTS, Art. XVI.   Page 6.

ARREST DU CONSEIL PRIVE DU ROI,
à Paris du 11 *Septembre* 1671.   Page 7.

SENTENCE DE POLICE, du 24 *Octobre* 1692.

PArties Oüies, Lecture faite dudit Avis du Procureur du Roi fufdaté, par lequel ledit Jacques Langlois a été condamné de mettre ledit Charles Maillard, hors de fon Service & le renvoyer chez ledit Claude Raillard, pour y travailler jufqu'à ce qu'il ait obtenu fon Congé, finon s'Abfenter & fe retirer de cette Ville & Banlieue fans y pouvoir revenir que trois Mois après, conformément aux Statuts & Ordonnances de la Communauté ; & pour la faute par eux commife, Avons Condamné chacun defdits Langlois & Maillard en 40 fols d'Amende & aux Dépens, &c......

TITRE XXVI.

TITRE VINGT-SIXIÉME.

DÉFENSES DE SE SERVIR DE COMPAGNONS ORFÉVRES.

TITRE VINGT-SEPTIÉME.

RECEPTION DE MAITRE,

CHEF-D'ŒUVRE,

ET RENONCIATION A LA MAITRISE.

STATUTS de 1544. Art. VI.

NUL ne pourra être Maître Horloger en notre Ville de Paris ni tenir Ouvrouer dudit Métier, jufqu'à ce qu'il aye fait fon Chef-d'Œuvre qui lui fera Ordonné par lefdits Gardes-Vifiteurs, & être rapporté par eux être ad ce idoine & fuffifant en ladite Chambre de notre Procureur au Châtelet.

EDIT DE HENRI III. à Paris, en Décembre 1581. Art. XVIII.

ET toutes fois pour éviter à tous Abus, nous ne voulons qu'aucun defdits Artifans, quel qu'il foit, puiffe être reçu à la Maîtrife qu'il n'ait atteint l'âge de 20. Ans au moins, ou plus grand âge fi leurs Statuts le portent.

STATUTS de 1583. Art. I.

PRemièrement, qu'à l'avenir ne fera reçu à la Maîtrife d'Horloger, aucun Compagnon ou autre d'icelui Art, qui ne foit capable de rendre raifon de ce en quoi confifte ledit Art d'Horloger, par Examen & par Essai qui se fera en la Boutique de l'un des Gardes-Visiteurs dudit Art & Métier ; ensemble que les Chef-d'Œuvres qui se feront, seront faits en la Maison de l'un desdits Gardes-Visiteurs, & que ledit Compagnon ne soit Apprenti de Ville.

STATUTS de 1646. Art. VI.

NUL ne pourra être reçû Maître dudit Art d'Horloger, qu'il ne soit de Bonnes Vie & Mœurs, & qu'il n'ait fait le Chef-d'Œuvre qui lui sera Ordonné, qui sera du moins une Horloge à Réveil-Matin : Et seront tenus les Gardes de prêter Serment, si ledit Aspirant a fait & parfait ledit Chef-d'Œuvre, & achevé le temps porté par son Brevet d'Apprentissage, & montré Quittance du Maître qu'il aura servi.

Nota. *L'Horloge à Réveil-Matin, ordonnée, par cet Article, pour Chef-d'Œuvre, étoit comme chacun sait, ces sortes de Montres de Poche, dont on en voit encore quelques-unes, qui Sonnent l'Heure, la Demie, & ont en outre un Réveil. On fait aussi, que c'est a cause de leur Sonnerie des Heures, qu'on les nommoit HORLOGES, pour les distinguer de MONTRES, qui ne Sonnent point. Ces sortes de Pièces étoient alors ce qu'il y avoit de plus difficile à faire dans l'Art de l'Horlogerie : C'est pourquoi elles étoient données pour Chef-d'Œuvre. Car ce qu'on appelle, CHEF-D'ŒUVRE, pour recevoir un Artisan à la Maîtrise, doit être l'Ouvrage le plus difficile dans chaque Art & Métier, que les Aspirans doivent faire en présence des Gardes ou Jurés, pour prouver leur capacité.*

MESMES STATUTS, Art. VIII.

NUL ne pourra être admis ni reçû à la Maîtrise dudit Art d'Horloger, qu'il n'ait fait son Apprentissage chez un Maître de Paris.

ORDONNANCE GENERALE DE LOUIS XIV.
à Versailles, en Mars 1673. Titre I. Art. III.

Aucun ne sera reçû Marchand, qu'il n'ait 20. Ans accomplis.

ÉDIT DE LOUIS XIV. à Versailles, en Octobre
1712. Art. XVI.

Maintenons le Substitut de notre Procureur Général au Châtelet, dans le Droit de procéder à la Création des Maîtres & Gardes, & Jurés, & à la Réception des Maîtres, &c......

STATUTS de 1719. Art. II.

Permettons aux Apprentis qui auront les qualités requises & nécessaires pour parvenir à la Maîtrise, de se faire recevoir Maîtres, en faisant un Chef-d'Œuvre d'une Horloge à Réveil, ou Répétition, faisant son effet dans sa Boîte, au choix de l'Aspirant ; lequel Chef-d'Œuvre lui sera rendu après qu'il aura été jugé parfait.

Nota. L'Horloge à Réveille-Matin de Poche, qui avoit été prescrite pour Chef-d'Œuvre par l'Art. VI. des Statuts de 1646 n'étant plus d'usage en 1719. & la Montre à Répétition lui ayant succédé, c'étoit alors un équivalent avec l'Horloge à Réveil-Matin, par la difficulté de l'Ouvrage, & c'est ce qui la fit mettre dans ces Statuts pour Chef-d'Œuvre, avec l'Horloge à Réveil, au choix de l'Aspirant, parce qu'il n'étoit pas naturel d'obliger un Jeune Homme à faire un Ouvrage d'une si longue haleine, & d'une pareille valeur, qui lui seroit restée en pure perte, par le défaut de Vente, puisque l'usage n'en subsistoit plus. L'on doit donc connoître par cette Note, & par celle sur l'Art. VI. des Statuts de 1646. que l'Horloge à Réveil, ici Marquée pour Chef-d'Œuvre, avec la Répétition, au choix de l'Aspirant, n'est point & ne peut jamais être une grosse Horloge à Réveil à Poids, comme beaucoup d'Horlogers l'ont pensé & le pensent encore à pré-

ſent ; parce que dans ce cas , il n'y auroit aucune parité entre ces
deux Pieces , pour la difficulté de l'Ouvrage , ce qui ne s'acor-
deroit plus avec la nature d'un Chef-d'Œuvre , qui eſt , comme
nous l'avons dit ci-devant , l'Ouvrage le plus difficile dans chaque Art ou Métier , que l'on doit donner à faire aux Aſpirans
à la Maîtriſe , pour leur faire prouver leur capacité.

Il eſt vrai que comme l'Art de l'Horlogerie a trois principales Branches , qui ſont ; les Ouvrages de petit volume , comme la Montre de Poche , &c...... ceux de moyen volume , comme
la Pendule , &c...... & ceux de gros volume , comme les Horloges à Poids , &c...... & que chacun de ceux qui embraſſent notre Profeſſion , choiſiſſent celle de ces Branches , ou des autres qui
ne ſont point ici ſpécifiées & qui appartiennent auſſi à l'Art , celle
qui leur convient le mieux ; c'eſt ce qui forme une eſpèce de difficulté pour les Chef-d'Œuvres des Aſpirans à la Maîtriſe , que
ceux qui ont dreſſé ces différens Statuts , n'ont ſans doute pas pré-
vû ; parce que le Chef-d'Œuvre qui y eſt preſcrit , n'eſt que pour
la première de ces Branches , pendant qu'ils auroient dû en preſ-
crire un Particulier pour chacune d'elles. Il eſt donc de la prudence des Gardes-Viſiteurs , pour remédier au vice de nos Statuts ,
& pour remplir leurs Fonctions avec Juſtice & Equité , de ne
demander à chaque Aſpirant à la Maîtriſe , pour Chef-d'Œuvre , que l'Ouvrage qui convient à la Branche , dans laquelle il
a fait ſon Apprentiſſage , ou de celle à laquelle il s'occuperoit
alors , ſuppoſé qu'il en eut changé ; autrement ſi l'on ſuivoit à la
lettre ce que les Statuts preſcrivent , & que l'on demandât à
tous les Aſpirans le même Chef-d'Œuvre , il y en auroit beaucoup qui ſe trouveroient hors d'etat de parvenir à la Maîtriſe ,
ce qui n'eſt certainement point l'eſprit des Statuts , & l'on n'y con-
trevient point en variant la qualité des Chef-d'Œuvres , ſuivant
le genre d'occupation des Perſonnes , Mais auſſi ne faut-il pas les
mal interprêter , & vouloir faire paſſer l'Horloge à Réveil , preſ-
crite ici pour Chef-d'Œuvre , pour une Horloge à Poids , &
en donner le choix à l'Aſpirant , au lieu de la Montre à Répétition , ce qui eſt un Abus très contraire à l'intention du Légiſ-
lateur.

MESMES STATUTS, Art. IV. & VIII.

ORdonnons que tous les Anciens affifteront aux Réceptions, avec un Moderne & un Jeune ; lefquels Modernes & Jeunes, feront Mandés, tour-à-tour, fuivant l'Ordre du Tableau.

MESMES STATUTS, Art. IX.

FAifons Défenfes aux Gardes de préfent en Charge & à ceux qui leur fuccéderont, & aux Anciens, Modernes & Jeunes, de recevoir aucuns Maîtres, foit Fils de Maîtres, Apprentis ou autres, fous quelque prétexte que ce foit, qu'au préalable ils n'ayent fait Chef-d'Œuvre ; fur peine contre l'Afpirant de nullité de fa Maîtrife, & d'être privé pour toujours de pouvoir y parvenir.

MESMES STATUTS, Art. X.

LEfquels Gardes feront tenus conformément à l'Article VI. de leurs Statuts du 20. Février 1646. de prêter Serment pardevant notre Procureur au Châtelet, comme l'Afpirant a fait & parfait le Chef-d'Œuvre, & achevé le temps de fon Apprentiffage ; à Peine de deftitution defdits Gardes, de ne pouvoir parvenir au nombre des Anciens, & en outre de 20 livres chacun au Profit de la Communauté ; & contre les Anciens, d'être Privés des Prérogatives & Emolumens d'Anciens, & de payer chacun pareille Somme de 20 livres, au Profit de la Communauté.

MESME STATUTS, Art, XI.

TOus les Fils de Maîtres reçus depuis le premier Octobre 1717. ne pourront joüir de leur Maîtrife, qu'au préalable ils n'ayent fait le Chef-d'Œuvre ci-deffus, à peine d'être Privés pour toujours de leur Maîtrife ; & contre les Gardes qui les laifferont joüir, d'être Deftitués de leur Ju-

rande, & privés des Honneurs d'Anciens , & de 20 livres
chacun au Profit de la Communauté.

ARREST DU CONSEIL D'ETAT DU ROI,
à Versailles , du 3 Juin 1738. Art. I.

LE Roi étant en son Conseil, a Ordonné & Ordonne.
Que conformément à l'Arrêt du Conseil du 13 Mai
1721. toutes les Renonciations qui n'auront pas été faites
devant Notaires, & Signifiées aux Gardes & Jurés des Corps
& Communautés, feront Nulles & de Nul effet : Veut Sa
Majesté, que ceux qui auront simplement Signifié leurs Renonciations par un Huissier , sans l'avoir faite devant Notaires, dont il y aura Minute, soient & demeurent assujétis
au payement de la Capitation , & aux autres Charges des
Corps & Communautés dans lesquels ils seront agrégés , sans
que sous aucun prétexte ils puissent s'en dispenser.

ARREST DUDIT CONSEIL, à Versailles , du
19 Novembre 1740.   Page 90.

ARREST DUDIT CONSEIL, à Versailles ,
du 1 Février 1746.

LE Roi en son Conseil , a Homologué & Homologue la
Déliberation de la Communauté des Maîtres Horlogers
de la Ville & Fauxbourgs de Paris , du 14 Décembre 1745.
& par grace & sans tirer à conséquence lui a permis & permet de recevoir Vingt Maîtres sans qualité, lesquels seront
dispensés de l'Apprentissage prescrit par les Statuts , en payant
par chacun desdits Vingt Maîtres au profit de ladite Communauté la somme de 1000 livres au moins, non compris
les Droits de la Lettre du Châtelet, ceux de l'Hôpital Général, & les autres Droits Ordinaires de Réception, & en
faisant au surplus le Chef-d'Œuvre qui leur sera prescrit par
les Gardes-Visiteurs en Charge. Veut Sa Majesté que lesdits
Vingt Maîtres jouissent des mêmes Droits , Priviléges & Prérogatives dont jouissent les autres Maîtres de la Communau-

ré, à l'exception cependant de ceux qui ont actuellement plufieurs Enfans mâles, auquel cas les deux Aînés joüiront de
la qualité de Fils de Maître, & les autres de celle d'Apprentis de Ville feulement, &c......

*Nota. Cet Arrêt n'eſt ici rapporté, que par ce qu'il n'accorde
la qualité de Fils de Maître, qu'aux deux Aînés feulement,
des Enfans de chacun de ces vingt Maîtres, nés lors de la Réception de leur Pere ; & qu'il reſtreint les autres Enfans pareillement nés, à celle d'Apprentis de Ville : ce qui demande un examen de la part des Gardes-Vifiteurs, lors que quelqu'un de ces
Enfans fe préfentera à la Maîtrife, pour favoir en quelle qualité
ils doivent le recevoir, fi c'eſt en celle de Fils de Maître ou
d'Apprenti de Villes.*

TITRE XXVIII.

TITRE VINGT-HUITIÉME.

DÉFENSES DE RECEVOIR
DES MAITRES SANS QUALITÉ.

SENTENCE DE POLICE, du 29 Janvier 1734.

NOus, après avoir Oüi les Gens du Roi...... en conféquençe Difons, que les Statuts & Réglemens de la Communauté des Maîtres Horlogers, feront exécutés felon leur forme & teneur......Faifons très expreffes Inhibitions & Défenfes aux Gardes-Vifiteurs en Charge & aux Anciens de la Communauté defdits Horlogers, de recevoir à l'avenir aucun Maître qu'il ne foit Fils de Maître , ou Apprenti de cette Ville de Paris , &c......,

ARREST DU PARLEMENT, du 3 Mars 1736.

NOtredite Cour......a mis & met l'Appellation au néant ; Ordonne que ladite Sentence du 29 Janvier 1734 , & ce dont eft Appel , fortira fon plein & entier effet , &c......

Nota. *Avant la Défenfe de recevoir des Maîtres fans Qualité, portée par les Ordonnances ci-deffus, les Gardes-Vifiteurs & les Anciens en recevoient quelquefois , lorfqu'il fe préfentoit un bon Sujet , capable & en état de faire Chef-d'Œuvre. Ils pouvoient même avoir lieu de s'y croire autorifés par plufieurs Articles de Statuts qui paroiffent le Permettre. Il eft dit dans l'Article VI. des Statuts de 1544. que; Nul ne pourra être reçu*

Q

Maître, jusqu'à ce qu'il ait fait le Chef-d'Œuvre qu'il lui sera Ordonné par les Gardes-Visiteurs, & qu'il ait été, par eux certifié capable, à Mr le Procureur du Roi : de sorte que par cet Article de Statuts, la Capacité paroît donc la seule ou principale voie, qui peut faire parvenir un Compagnon sans qualité à la Maîtrise. L'Article IX. de ces mêmes Statuts de 1544. porte ; que ceux qui voudront présentement être Maîtres, seront tenus de faire Chef-d'Œuvre, qui sera ordonné par aucuns des Anciens & plus expérimentés Maîtres, tenant alors Boutique, qui pour cette fois seulement seront nommés par Mr le Prévôt de Paris ou Mr son Lieutenant ; & s'ils sont trouvés capables, seront reçus Maîtres. Ce second Article de Statuts paroît encore déterminer que la Capacité & le Chef-d'Œuvre sont ce qu'il y a de plus essentiel pour être reçus Maître, & qu'il est permis aux Gardes-Visiteurs & aux Anciens, d'admettre à la Maîtrise ceux qui sont dans ce cas, en faisant le Chef-d'Œuvre prescrit par ces deux Articles de Statuts. Si celui-ci marque que ce sera Mr le Prévôt de Paris ou Mr son Lieutenant, qui pour cette fois seulement nommera ceux qui jugeront du Chef-d'Œuvre de ceux qui voudront présentement être reçus Maîtres ; c'est qu'il faut savoir que ces Statuts de 1544. sont les premiers Statuts que la Communauté a eû ; que c'est par eux que l'Art de l'Horlogerie a été établi & érigé en Maîtrise & Jurande à Paris, & qu'avant ce temps ceux qui le professoient ne formoient aucun Corps particulier : & comme il n'y avoit point encore de Gardes-Visiteurs, puisqu'ils n'ont été créés que par ces mêmes Statuts, il étoit donc nécessaire que ce fut le Magistrat, qui pour la première fois, seulement, nommât ceux qui devoient juger de la Capacité & du Chef-d'Œuvre de ceux qui alors vouloient entrer dans ce nouveau Corps & y être reçus Maîtres. Enfin l'Article dix-neuf des Statuts de 1719. fait Défenses aux Gardes-Visiteurs en Charge, aux Anciens & aux Modernes & Jeunes, présens & à venir, de recevoir aucuns Maîtres, soit Fils de Maîtres, Apprentis, OU AUTRES, sous quelque prétexte que ce soit, qu'au préalable ils n'ayent fait Chef-d'Œuvre, sur peine contre l'Aspirant de Nullité de sa Maîtrise, & d'être privé pour toujours de pouvoir y parvenir. A dire le vrai, ces Mots, OU AUTRES, qui suivent ceux de Fils de

Maîtres & Apprentis, pouvoient naturellement donner lieu de croire qu'ils Signifient dans cet endroit les Gens sans qualité, c'est-à-dire, qui ne sont ni Fils de Maîtres de Paris ni leurs Apprentis ; & c'est sur ce fondement & sur ce dernier Article de Statuts seul, que les Gardes-Visiteurs & les Anciens en ayant admis quelques-uns de cette espèce à la Maîtrise, cela leur a occasionné une contestation de la part de Partie des Modernes & Jeunes Maîtres de la Communauté, sur laquelle sont intervenus les Reglemens ci-dessus. Il paroît assés difficile de déterminer l'avantage ou le désavantage que ces Réglemens peuvent produire, y ayant de bonnes raisons à alléguer Pour & Contre ces sortes de Réceptions. Ce qu'il y a de certain ; c'est que le Parlement, ayant seul le Droit d'interprêter les Loix, après le Législateur, & ayant décidé sur ce sujet, il faut s'en en ténir à sa Décision qui ne ferme cependant pas entièrement la Porte au mal, s'il en est un, puisqu'il reste encore la voie d'un Arrêt du Conseil, que Sa Majesté accorde assés volontiers par grace & par Bonté aux habiles Gens, qui par leur capacité, sont en état de faire honneur au Corps & de l'Illustrer.

TITRE VINGT-NEUVIÉME.

PROTECTIONS
ET COURTAGE DÉFENDUS.

ÉDIT DE HENRI II. *à Fontainebleau , du* 22 *Mai* 1555. Art. XI.

ET à ce que l'Or & l'Argent ne puissent passer par tant de mains, & obvier aux Abus qui sur ce souventes-fois se commettent, Défendons très expressément à toutes Personnes de quelque état, qualité ou condition qu'ils soient, de faire fait de Courtier audit Etat d'Orfévrerie, ni vendre aucune Orfévrerie, sinon à ceux auxquels il est permis [de faire ledit Courtage, c'est-à-dire, aux Maîtres & à leurs Veuves] sur peine d'Amende arbitraire, &c......

STATUTS de 1583. Art. VI.   Page 3.

ARREST DU PARLEMENT, du 7 *Septembre* 1630.

NOtredite Cour...... fait Défenses...... aux Orfévres & Joyailliers de bailler lesdites Marchandises auxdits Revendeurs & Revenderesses pour les revendre ; à peine de Confiscation & d'Amende arbitraire, &c......

STATUTS de 1646 Art. XI.

IL ne sera permis à aucun Maître dudit Art d'Horloger, de faire Travailler, Revendre ni Colporter aucune Marchandise hors leur Boutique, sinon par leurs Domestiques ou par des Maîtres Horlogers ; à peine de Confiscation de la Marchandise & d'Amende.

MESMES STATUTS, Art. XVI.   Page 6.

MESMES STATUTS, Art. XVIII.   Page 6.

STATUTS de 1707. Art. VI.   Page 13.

SENTENCE DE POLICE, du 13 *Octobre* 1722.

NOus Ordonnons que l'Edit du Roi Henri II. du 22 Mai 1555...... feront exécutés felon leur forme & teneur ; & en conféquence, que Défenfes feront faites à toutes Perfonnes fans qualité de l'un & de l'autre Sexe, communément appellés COURTIERS, d'expofer en vente, débiter, ni colporter en cette Ville & Fauxbourgs de Paris, même dans les Maifons, aucuns Ouvrages & Matières d'Or & d'Argent, Pierreries, Bagues & Joyaux, à peine d'être procédé contre eux extraordinairement, même de Punition exemplaire. Et en cas de Contravention, permettons aux Maîtres & Gardes actuellement en Charge, & à leurs Succeffeurs en ladite Charge de Gardes du Corps des Marchands Orfévres-Joyailliers, de faire faifir & arrêter lefdites Marchandifes & Matières, & de faire conduire les Contrevenans chez les Commiffaires du Châtelet ; à l'effet de quoi tous Officiers de Juftice feront tenus de prêter Main-forte, lorfqu'ils en feront requis ; & fera notre préfente Sentence exécutée, &c..........

ARREST DE LA COUR DES MONNOIES,
du 17 *Février* 1734.

LA Cour a Ordonné & Ordonne, que les Lettres-Patentes du Roi Charles IX. du 16 Avril 1564. enfemble les Ordonnances, Réglemens & Arrêts de la Cour ; celui du 29 Novembre 1630. & notamment ceux des 21 Juin 1729. 29 & 30 Mars 1730. fur le Fait des Protections, feront exécutés felon leur forme & teneur ; en conféquence fait Défenfes à tous Compagnons Orfévres de travailler pour leur Compte.... ni de vendre & débiter à leur profit aucunes Matières ni Ouvrages d'Or & d'Argent ; & aux Maîtres Orfévres & Veuves de Maîtres, de les protéger directement ni indirectement, fous quelque prétexte que ce puiffe être ; les aider de leurs Poinçons, en Marquer leurs Ouvrages, ni fouffrir que fous leurs Noms & leurs Poinçons, lefdits Compagnons ou Ouvriers fans qualité, faffent, travaillent, vendent & débitent pour leur Compte particulier aucunes Matières ni Ouvrages d'Or & d'Argent, à peine de Confifcation & d'Amende, tant contre lefdits Compagnons & Ouvriers, que contre les Maîtres ou Veuves; de ne pouvoir par les Compagnons afpirer à la Maîtrife: & contre les Maîtres ou Veuves, à peine d'Interdiction, Privation de leurs Poinçons, même de Déchéance de la Maîtrife ou du Privilége de viduité, & de plus grandes peines fi le cas y échet, &c......

SENTENCE DE POLICE, *du* 22 *Juin* 1740.

NOus, Oüi, fur ce le Procureur du Roi, Difons que les Statuts, Ordonnances, Arrêts, Sentences & Réglemens de Police, concernant les Corps des Marchands & Communautés d'Arts & Métiers de la Ville & Fauxbourgs de Paris, feront exécutés felon leur forme & teneur. En conféquence, Faifons très expreffes inhibitions & défenfes à tous Marchands, Veuves de Marchands, Maîtres & Veuves de Maîtres des Corps & Communautés d'Arts & Métiers, de prêter leurs Noms, louer leurs Maîtrifes, directement ni indirectement à qui que ce foit, pour quelques caufes & fous quelques prétextes que ce puiffe être. Ordonnons que dans Huitaine, pour toute préfixion & délai, à compter du jour de la Publication de la préfente Sentence, les Particuliers fans qualité qui tiennent des Magafins, Boutiques ou Echopes, ou qui font Profeffion de Marchands ou de Maîtres dans la Ville & Fauxbourgs de Paris, fous des Noms de Marchands ou de Maîtres, Veuves de Marchands ou de Maîtres defdits Corps ou Communautés, en Vertu de Baux ou Conventions foit Verbales ou par Ecrit, feront tenus de fermer leurs Magafins, Boutiques ou Echopes, à peine de 50. livres d'Amende contre chacun des Contrevenans, au Payement de laquelle ils feront contraints par Corps, & de Saifie des Marchandifes & Uftanciles fervants auxdites Profeffions... Faifons Défenfes aux Maîtres & Gardes des Corps des Marchands, & aux Syndics & Jurés des Communautés d'Arts & Métiers, de fouffrir qu'aucuns Particuliers fans qualité s'établiffent, tiennent Boutiques, Magafins ou Echopes, & faffent Profeffion de Marchands ou

de Maîtres dans la Ville & Fauxbourgs de Paris, fans avoir
été par eux admis dans ladite qualité...... à peine par lefdits
Gardes, Syndics & Jurés d'en répondre en leurs propres &
privés Noms, d'être déchus de la qualité de Gardes, Syndics & Jurés pour la première fois, même de celle de Marchands ou de Maîtres en cas de récidive, & d'être Condamnés chacun en 50. livres d'Amende, au payement de laquelle
ils feront contraints par Corps. Ordonnons que notre préfente Sentence fera à la Diligence du Procureur du Roi,
Lue, Publiée, Imprimée & Affichée dans les Lieux & Carrefours accoutumés, même dans tous les Bureaux des Corps
des Marchands & Communautés d'Arts & Métiers de la Ville & Fauxbourgs de Paris, & par tout où befoin fera, &
Signifiée à fa Requête aux Gardes defdits Corps, & aux
Syndics & Jurés defdites Communautés, & enregiftrée fur
leurs Regiftres : Enjoignons à chacun defdits Gardes, Syndics
& Jurés d'y tenir la main, fous les peines y portées, &c......

ARREST DU PARLEMENT,
du 1. Mars 1747.　　　　　Page 100.
ARREST DE LA COUR DES MONNÔIES,
du 18 Avril 1750.

APrès que De la Borde, Avocat pour led...... Maître
Horloger, & Babille, Avocat, pour lefdits Gardes-
Vifiteurs, ont été Oüis pendant deux Audiences, enfemble
Hérault, pour notre Procureur Général, notredite Cour,
ayant aucunement égard à la Requête de la Partie de Babille,
& faifant Droit fur les Conclufions des Gens du Roi, Ordonne, que les Ordonnances, Arrêts, Edits & Réglemens
concernant le fait de l'Horlogerie fur les Protections, feront
exécutés felon leur forme & teneur ; Enjoint à la Partie de
De La Borde, de s'y conformer, & néanmoins par grace &
fans tirer à conféquence, Ordonne que les Poinçons fur lui
Saifis, Dépofés au Greffe de notredite Cour & dont eft queftion, lui feront rendus : Condamnons ladite Partie de De
La Borde, aux Dépens, &c......

　　Nota. *Cet Arrêt a été rendu fur une Saifie de Poinçons,*
trouvés en la Poffeffion d'un Compagnon Protegé par fon Maître,
qui les lui avoit confiés pendant fon abfence pour quelques jours.

TITRE TRENTIEME.

DÉFENSES D'EFFACER
NI DE FAIRE EFFACER
LES NOMS DES MAITRES
QUI SONT GRAVÉS OU MIS SUR LEURS OUVRAGES.

STATUTS de 1646. Art. XII.

IL ne fera permis à aucun Maître de changer, ni effacer aucuns Noms qui feront Taillés ou Gravés fur les Ouvrages d'Horlogerie ; fur peine d'Amende comme deffus.

Nota. Si cet Article de Statuts Defend d'effacer ni de faire effacer les Noms des Maîtres qui font Gravés ou mis fur les Ouvrages qu'ils ont fait , il ne doit pas moins être Défendu d'en faire Graver ou mettre de faux & fuppofés fur des Ouvrages qu'ils n'ont pas fait ; parce que l'on ne fe fert ordinairement que de ceux des plus habiles Maîtres , foit vivans ou morts , que l'on met fur de mauvais Ouvrages , pour , par là furprendre & tromper plus facilement le Public & leur donner plus de valeur. C'eft une prévarication d'autant plus réprehenfible qu'elle ôte & détruit la Réputation des habiles Gens dont ces mauvais Ouvrages portent le Nom : Cet Abus qui n'eft que trop commun aujourd'hui , devroit être fevèrement puni , tant à l'égard de celui qui le fait mettre ou Graver , que de celui qui le met ou Grave : car l'on devroit regarder ces Noms faux & fuppofés , ainfi mis , comme de fauffes Signatures.

TITRE XXXI.

TITRE TRENTE ET UNIÉME.

JURISDICTION DU BAILLIAGE
DU PALAIS,
ET BOUTIQUES DANS SON ENCLOS.

ÉDIT DE LOUIS XIV. à *Verfailles*, *en Octobre*
1712. Art. VI.

TOus Jugemens, Ordonnances, Sentences, foit Prépa-
ratoires, foit Définitifs rendus en Matières Civiles dans
l'une des deux Jurifdictions, foit du Châtelet, foit du Bailliage du Palais, feront exécutés dans l'autre Jurifdiction fans
Permiffion ni Paréatis, en les faifant exécuter par les Huiffiers qui ont pouvoir d'Exploiter dans les deux Jurifdictions:
finon lefdits Ordonnances & Jugemens ne pourront être
exécutés qu'après en avoir obtenu la Permiffion des Officiers de la Jurifdiction, dans laquelle il s'agira d'exécuter les
Sentences & Jugemens émanés de l'autre Juridiction.

MESME E'DIT, Art. X.

MAintenons le Bailli du Palais & fon Lieutenant, dans
le Droit de connoître de toutes Matières de Police
dans l'étendue de fon Territoire, aux exceptions & modifications ci-après déclarées, &c......

Nota. *Pour ces Exceptions & Modifications, Voyés les Ar-*

ticles XIV. XV. *&* XVI. *du même Edit*, *qui font aux Ti-*tres XXVII. *&* XXXIV.

MESME E'DIT, Art. XII.

LEs Marchands & les Maîtres de quelques Corps & Communautés qu'ils foient, qui voudront s'établir dans l'Enclos dudit Bailliage du Palais, & y ouvrir Boutique ou Echoppes, feront Enregiftrer leurs Lettres de Maitrife au Greffe dudit Bailliage, pour lequel Enregiftrement fera payé pour tous Droits la fomme de 40 fols.

TITRE TRENTE-DEUXIÉME.

ELECTION
DES GARDES-VISITEURS.

STATUTS de 1544. Art. I.

PRemièrement, avons Statué & Ordonné, Statuons & Ordonnons, que la Communauté d'icelui Métier, choisira & élira Deux Prud-Hommes, Maîtres-Jurés dudit Métier; lesquels après ladite Election, seront institués GARDES-VISITEURS.

SENTENCE DE POLICE, du 29 Mai 1685.

NOus Ordonnons qu'à l'avenir seront seulement appellés aux Elections des Gardes-Visiteurs Horlogers, les Gardes en Charge, les Anciens Maîtres qui ont passé la Jurande, Douze Modernes & Douze Jeunes Maîtres, lesquels y seront appellés alternativement tour-à-tour selon l'Ordre de leur Réception, ce qui sera exécuté, &c.....

Nota. *Cette Sentence a depuis été confirmée par Arrêt Contradictoire du Conseil d'Etat du Roi, du 2 Novembre 1745. pour être exécutée selon sa forme & teneur.*

AVIS DE M. LE PROCUREUR DU ROI,
du 19 Février 1686.

VU les Pièces des Parties mises en nos mains, suivant l'Avis contradictoire du 29 Janvier dernier, Nous avons déclaré lesdits Horlogers travaillants en gros volume, non recevables en leurs Demandes ; & Ordonné, qu'à l'avenir, ainsi que par le passé, les Maîtres Horlogers travaillant en gros volume, & ceux qui travaillent aux menus Ouvrages, pourront être Elus Jurés indistinctement à la pluralité des Voix : Et seront tenus les Jurés de travailler pour empêcher les entreprises qui pourront être faites sur le Métier, tant pour les gros que pour les petits Ouvrages ; & faute par eux de le faire, il y sera par nous pourvû, sur la plainte des Maîtres, &c.........

SENTENCE DE POLICE, du 19 Mars 1686.

Nota. Cette Sentence confirme l'Avis de Mr le Procureur du Roi, ci-dessus, du 19 Février précedent.

STATUTS de 1707. Art. II.

VOulons que lesdits Gardes soient tenus de rendre Compte de leur Jurande, quinze jours après qu'ils en seront sortis, & que l'Election desdits Gardes se fasse, annuellement, quinze jours après la Fête de Saint Eloi ; le tout en présence des Anciens & autres Maîtres, ainsi qu'il est accoutumé.

ARREST DU PARLEMENT, du 3. Mai 1712.

LA Cour Ordonne......... qu'à la prochaine Election qui se fera des Jurés de ladite Communauté des Maîtres Horlogers, ils seront tenus de nommer un desdits Maîtres de l'institution de l'Hôpital de la Trinité, & de continuer à l'avenir de Six ans en Six ans ; sinon & à faute de ce faire, permettre aux Administrateurs dudit Hôpital d'en préfenter un à ladite Communauté, qui fera tenue de le recevoir à ladite fonction , &c......

TITRE TRENTE-TROISIEME.

CONVOCATION D'ASSEMBLÉES
ET REDDITION DE COMPTES.

STATUTS de 1707. Art II.   Page 1**32.**

STATUTS de 1719. Art. IV. *&* VIII.   Page 118.

MESMES STATUTS, Art. XIV.

ORdonnons, que toutes les fois qu'il fera néceſſaire d'Aſ-
ſembler les Maîtres, pour délibérer ſur les Affaires de
la Communauté, ils feront tenus de ſe trouver en leur Bureau, à peine de 3 livres contre chacun des Défaillans, au
profit de la Communauté, s'ils n'en ſont diſpenſés pour cauſes légitimes, en faiſant avertir les Gardes.

MESMES STATUTS, Art. XV.

ORdonnons, que leſdits Gardes en Charge, & ceux qui
leur ſuccéderont, feront tenus de ſe charger en Recette
de tous les Effets généralement de la Communauté, reçus
ou non reçus, à charge de la Repriſe, & d'en charger les
Gardes qui leur ſuccéderont, leſquels feront tenus de faire
les Pourſuites néceſſaires pour le Recouvrement, & d'en juſ-
tifier lors de la Reddition de leurs Comptes; à Peine d'en
demeurer reſponſables en leurs propres & privés Noms.

MESMES STATUTS, Art. XVI.

FAifons Défenfes aux Anciens & Nouveaux Gardes de les recevoir en Reprife , s'il ne leur appert des Pourfui-tes valables ; à Peine de 10. livres contre chacun, au Profit de la Communauté , & d'être refponfables de la Solvabilité defdits Gardes.

MESMES STATUTS, Art. XVII.

ORdonnons que les Gardes fortant de Charge , feront tenus lors de la Reddition de leurs Comptes, de faire un Bref Etat , enfuite des deux doubles des Comptes, des Pièces juftificatives qu'ils remettront à la Communauté, lef-quelles Pièces ils parapheront par Première & Dernière ; quoi faifant ils en demeureront Déchargés pour toujours ; à Peine contre les Gardes qui n'y fatisferont pas, de demeurer ref-ponfables defdites Pièces.

ARREST DU CONSEIL D'ÉTAT DU ROI,
à Fontainebleau, du 2 Novembre 1745.   Page 17.

Nota. *Pour cet Arrêt du Confeil du* 2 *Novembre* 1745. *au fujet des Affemblées, voyés* l'Article II. *&* IV. *de la Note qui eft à la fuite de cet Arrêt.*   Page 17. & 18.

ARREST DUDIT CONSEIL, à *Verfailles*, du 22 *Avril* 1749. Art. I.

QUe tout Juré, Syndic , ou Receveur Comptable , entrant en Charge dans la Communauté des Horlogers , fera tenu d'avoir un Regiftre-Journal , qui fera Côté & Paraphé par le Sieur Lieutenant-Général de Police à Paris , dans lequel il écrira de fuite & fans aucun Blanc ni Interli-gne, les Recettes & Dépenfes qu'il fera, au fur & à mefure qu'elles feront faites, fans aucun délai ni remife ; mettant

d'abord la somme Reçue ou Dépensée en toutes Lettres, &
la tirant ensuite à la Colonne des Chiffres : & aura soin à la
fin de chaque Page, de faire l'Addition de tous les Articles
de chaque Colonne dont il rapportera le montant à la tête
de la Page suivante.

MESME ARREST, Art. II.

DAns le cas ou le Juré, Syndic, ou Receveur Comptable sortant d'Exercice, se trouveroit Réliquataire envers sa Communauté, par l'Arrêté de son Compte, le Juré
ou Receveur Comptable son Successeur, sera tenu de pour-
suivre le payement dudit Débet, par toutes voies dûes & rai-
sonnables ; & de justifier desdites Poursuites par Pièces & Procédure, supposé qu'il ne puisse en faire le Recouvrement, à
peine d'en répondre en son propre & privé Nom, & d'être
forcé du montant dudit Débet, dans la Recette de son
Compte.

MESME ARREST, Art. III.

LE Produit des Confiscations & Amendes prononcées
au Profit de la Communauté, sera employé dans la
Recette des Comptes, & justifié par le rapport des Sentences
& Arrêts qui les auront prononcés ; & au cas que le Recouvrement desdites Amendes ne puisse être fait par l'insol-
vabilité de ceux qui y seront Condamnés, ledit Comptable
en fera Reprise qui lui sera allouée en justifiant de ses diligences : N'entendant Sa Majesté interdire les voies d'accommodemens à l'amiable entre les Parties, pourvû toutesfois que
lesdits accommodemens soient autorisés par le Sieur Lieutenant-Général de Police, auquel cas le Comptable sera tenu
d'en rapporter la preuve par écrit.

MESME ARREST, Art. IV.

IL ne pourra être employé aucuns Deniers de la Communauté pour les Dépenses de la Confrairie, de quelque nature qu'elles puissent être, au moyen de quoi la Recette & la
Dépense

Dépenſe concernant ladite Confrairie, ne pourra entrer dans les Comptes de la Communauté ; ſauf aux Maîtres de Confrairie, ou à ceux à qui l'Adminiſtration en eſt confiée, à rendre un Compte particulier à la Communauté de ce qu'ils auront Reçu & Dépenſé pour raiſon de leur Exercice, ſans que ledit Compte puiſſe être cumulé avec celui des Deniers de la Communauté, ni en faire partie.

MESME ARREST, Art. V.

NE pourront les Jurés délivrer aucunes Lettres ou Certificats d'Apprentiſſage ou de Réception à la Maîtriſe, qu'au préalable ils n'ayent perçu en Deniers Comptans les Droits attribués à la Communauté, pour raiſon deſdits Brevets ou Réceptions, ſans qu'il leur ſoit permis de faire aucunes modération, remiſe ni crédit deſdits Droits, à peine d'en répondre en leur propre & privé Nom.

MESME ARREST, Art. VIII.

NE pourront les Jurés faire aucun Emprunt, même par voie de Reconſtitution, ſans l'Approbation par Ecrit du Sieur Lieutenant Général de Police.

MESME ARREST, Art. IX.

LEs Frais de Saiſie ne ſeront alloués dans la Dépenſe des Comptes, qu'en repréſentant les Procès-Verbaux dreſſés à l'occaſion deſdites Saiſies, les Quittances des Sommes qui auront été payées aux Officiers de Juſtice pour leurs Vacations & Droits d'Aſſiſtance, & en juſtifiant par les Comptables de l'événement deſdites Saiſies à peine de Radiation : & dans le cas où leſdits Procès-Verbaux ſeroient produits dans quelques Inſtances, en ſorte que le Comptable ne pût les repréſenter, il ſera tenu d'y ſuppléer par des Copies Certifiées de l'Avocat ou du Procureur chargé de l'Inſtance.

MESME ARREST, Art. X.

NE pourront les Jurés interjetter Appel des Sentences du Châtelet, soit pour fait de Saisie ou autres cas tels qu'ils puissent être, sans s'être fait préalablement autoriser par une Délibération expresse de la Communauté convoquée à cet effet, à peine de Radiation de tous les frais qu'auroient occasionnés lesdits Appels.

MESME ARREST, Art. XI.

LEs à Comptes qui pourront être payés aux Procureurs ou autres Officiers de Justice sur les Frais des Procès existans, ne seront alloués que sur le vû des Mémoires & Quittances détaillés qui fassent connoître la nature des Affaires & les Tribunaux où elles seront pendantes, & lors que lesdits Procès seront terminés, le Juré Comptable qui fera le dernier payement aux Procureurs ou autres Officiers de Justice, sera tenu de faire énoncer dans la Quittance finale qui lui sera délivrée, les sommes qui auront été payées à compte sur lesdits Frais, avec la Date des payemens & les Noms de ceux par qui ils ont été faits, & de rapporter toutes les Pièces dudit Procès : Quant aux Frais de Consultations, aux Honoraires d'Avocats, à ceux des Sécretaires, des Rapporteurs & autres de cette nature qui ne peuvent être justifiés par des Quittances, il y sera suppléé par des Mandemens ou Certificats *Signés* de tous les Jurés & de Six Anciens au moins, à peine de Radiation.

MESME ARREST, Art. XII.

LEs Frais de Bureau, consistans dans le Loyer du Bureau d'Assemblée, les Gages du Clerc, la Fourniture de Bois, Chandelles, Papier, Plumes, Cire, Encre, Impressions & autres Menues Dépenses, seront Détaillés & justifiés par des Quittances ou par des Mandemens *Signés* des Jurés & de Six Anciens, & ne pourront, sous quelque prétexte que ce soit, excéder la Somme de , &c.......

MESME ARREST, Art. XIV.

LEs Frais de Caroffes & Sollicitations, ne feront alloués dans la Dépenfe des Comptes, que lors qu'ils auront été faits dans des cas urgens & indifpenfables, & qu'ils fe trouveront détaillés & juftifiés par des Mandemens ou Certificats *Signés* de tous les Jurés & de Six Anciens au moins, & ne pourront excéder la Somme de, &c......

MESME ARREST, Art. XV.

LEs Etrennes & autres Faux-Frais, ne feront pareillement alloués, qu'autant qu'ils feront détaillés & juftifiés par des Mandemens ou Certificats, tels que ceux énoncés dans l'Article XIV. & ne pourront excéder la Somme de, &c........

MESME ARREST, Art. XVI.

LEs Jurés fortant de Charge, feront tenus de préfenter leurs Comptes à la fin de leur Exercice, aux Jurés en Charge & aux Anciens Auditeurs & Examinateurs nommés fuivant l'ufage, à l'effet d'être lefdits Comptes par eux vûs, examinés & contredits, fi le cas y échet, & arrêtés en la manière accoutumée, au plus tard trois Mois après l'Exercice du Comptable fini, & ce nonobftant tous ufages, difpofitions de Statuts ou autres Réglemens à ce contraires, auxquels Sa Majefté a dérogé & déroge expreffément par le préfent Arrêt : Et feront lefdits Comptes, enfemble les Pièces juftificatives, remis aux Jurés en Charge, qui feront tenus, de leur part, de les remettre dans un Mois au plus tard au Greffe du Bureau de la Révifion, pour être procédé à ladite Révifion, après laquelle lefdits Comptes & Pièces feront rendus auxdits Jurés en Charge, pour les Dépofer dans leurs Archives.

MESME ARREST, Art. XVII.

DAns le cas où le Comptable feroit réputé en avance, par l'Arrêté de la Communauté, il ne pourra cependant être rembourfé par fon Succeffeur, qu'après la Révifion de fon Compte, & que lefdites Avances auront été conftatées & arrêtées par les Sieurs Commiffaires du Confeil à ce Députés ; à peine contre le Syndic, Juré ou Receveur qui auroit fait ledit Rembourfement, d'en répondre en fon propre & privé Nom.

MESME ARREST, Art. XIX.

ENjoint Sa Majefté aux Sieurs Commiffaires du Bureau établi pour la Liquidation des Dettes des Corps & Communautés & Révifion de leurs Comptes, & au Sieur Lieutenant Général de Police, de tenir la Main, chacun en droitfoi, à l'exécution du Préfent Réglement qui fera enregiftré à ladite Commiffion, & tranfcrit fur le Regiftre de la Communauté des Horlogers, pour être exécuté fuivant fa forme & teneur, &c........

Nota. *Cet Arrêt fervant de Réglement pour l'Adminiftration des Deniers communs de la Communauté, & pour la Reddition des Comptes de Jurande, ainfi que fon Titre le porte, a été Regiftré au Greffe dudit Bureau de la Révifion, le 4 Juillet 1749. Il a été Signifié au Bureau de la Communauté, le 23 Août fuivant, par le Sieur De Brye, l'un des Huiffiers ordinaires du Roi en fes Confeils d'Etat & Privé, lequel l'a auffi tranfcrit tout au long fur les Regiftres de la Communauté, en la préfence des Gardes-Vifiteurs en Charge, affemblés à ce fujet ; auxquels il a en même temps laiffé un Imprimé de deux grandes Feuilles de Papier, qui a pour Titre : MODÉLE DE COMPTE, POUR SERVIR A DRESSER CEUX QUE DOIVENT RENDRE LES JURÉS DES COMMUNAUTÉS D'ARTS ET MÉTIERS DE PARIS, avec des Inftructions & Notes en Marge pour l'ufage des Comptables, & dont eft auffi fait mention dans fon Procès-Verbal de Signification ; pour, tant dudit Modèle de Compte que du fufdit Arrêt, s'y conformer à l'avenir, fous les peines par l'un & l'autre y portées.*

TITRE TRENTE-QUATRIEME.

VISITES ET SAISIES.

STATUTS de 1544. Art. XIII.

POurront lefdits Gardes - Vifiteurs de leur Permiffion, faire Vifitation de toutes Marchandifes concernant ledit Métier d'Horloger , en & dedans notre Palais , Ville & Banlieue de Paris.

SENTENCE DU BAILLIAGE DU PALAIS,
du 31 *Janvier* 1576.   Page 3.

STATUTS de 1583. Art. II.

POurront lefdits Gardes – Vifiteurs , faire Vifitation à tel Jour & Heure que bon leur femblera, appellé avec eux un Sergent du Châtelet, fur tous les Maîtres dudit Art d'Horloger, en cette Ville & Banlieue de Paris , foit en Général ou en particulier ; & faifant icelle Vifitation, prendre, faifir & enlever les Ouvrages commencés ou achevés qui fe trouveront mal façonnés , & de mauvaifes Etoffes , pour être par eux plus amplement vûs & vifités, & être repréfentés à Juftice.

MESMES STATUTS, Art, IV.   Page 111.

AVIS DE M. LE PROCUREUR DU ROI,
du 5 *Septembre* 1613.   Page 3.

STATUTS de 1646. Art. XV.

LEs Gardes-Viſiteurs dudit Art d'Horloger, pourront aller en Viſites à tel jour & heure qu'ils trouveront bon, &c. . . . . .

STATUTS de 1707. Art. I.

LEs Gardes-Viſiteurs feront par chacun An chez chaque Maître & Veuve de Maître, autant de Viſites qu'ils jugeront néceſſaires, pour les maintenir dans la Diſcipline qu'ils ſont obligés d'obſerver ; à condition qu'il n'en ſera payé que Quatre, conformément à notre Déclaration du 22 Mai 1691.

MESMES STATUTS, Art. VII.   Page 13.

EDIT DE LOUIS XIV. *à Verſailles, en Octobre* 1712. Art. XIII.

LEs Maîtres & Gardes, Syndics, Adjoints & Jurés, feront auſſi enregiſtrer leurs Lettres de Jurande au Greffe dudit Bailliage du Palais ; ils demanderont lors dudit enregiſtrement une Permiſſion au Lieutenant Général audit Bailliage, de faire les Viſites qu'ils croiront néceſſaires chez les Maîtres de leur Corps & Communauté, pendant tout le temps de leur exercice & Jurande ; laquelle Permiſſion, le Lieutenant Général audit Bailliage du Palais, ne pourra leur refuſer : & payeront leſdits Maîtres & Gardes, Syndics, Adjoints & Jurés, la ſomme de 40 ſols pour le Droit d'enregiſtrement.

MESME E'DIT, Art. XIV.

ET quant aux Viſites qu'ils feront dans les Limites dudit Bailliage, les Rapports en ſeront faits par devant le Lieutenant Général de Police, & ne pourra connoître le Lieutenant Général audit Bailliage, que des Délits, Rébellions &

autres Empêchemens que les Marchands établis dans ledit Bailliage auront faits auxdites Vifites, fans préjudice, néanmoins au Lieutenant Général audit Bailliage, de prendre connoiffance des Contraventions aux Statuts, Ordonnances & Réglemens de Police, lefquelles feront incidentes aux Procès Civils & Criminels portés devant lui par les Parties intéreffées, ou d'ordonner fur la Réquifition qui fera faite d'Office par le Subftitut de notre Procureur Général audit Bailliage, & lors qu'il fera feul Partie, tout ce qu'il eftimera néceffaire pour l'exécution de nos Ordonnances & Réglemens dans fon territoire.

MESME E'DIT, Art. XV.

Ans le cours des Vifites qui feront faites dans le Bailliage du Palais, ne pourront les Maîtres & Gardes, Syndics, Adjoints & Jurés, fe faire affifter d'autres Huiffiers que de ceux de notre Cour de Parlement ou dudit Bailliage du Palais; & dans les cas où ils doivent fe faire affifter d'un Commiffaire au Châtelet, ils fe feront affifter dans l'Enclos du Bailliage du Lieutenant Général audit Bailliage, auquel à cet effet le Lieutenant Général de Police adreffera une Commiffion Rogatoire.

STATUTS de 1719, Art. XII.

Es Droits de Vifites demeureront réduits à l'avenir à trente fols par Année, lefquels appartiendront auxdits Gardes, pour leurs frais & ceux de leur Huiffier.

ARREST DE LA COUR DES MONNOIES,
du 8 Mars 1745.

A Cour a Déclaré & Déclare ledit Défaut avoir été bien & duément obtenu, & adjugeant le Profit d'icelui, Déclare la Saifie faite à la Requête des Demandeurs, [les Gardes-Vifiteurs Horlogers] par le fufdit Exploit fur le Défaillant, [Louis Bailly, travaillant à faire des Chaînes de Montres d'Or & d'Argent fans Droit ni qualité] de douze bouts de Chaînes de Montres, deux Charnières, seize Tourniquets, plusieurs Maillons & six S. pesants ensemble une Once Sept Gros & demi, le tout d'Argent; bonne & valable: En conséquence a Confisqué & Confisque lesdits Ouvrages d'Argent & dont est question au Profit des Demandeurs. Ordonne qu'ils seront portés en l'Hôtel de la Monnoie pour y être Fondus & Convertis en Espèces aux Coins & Armes de Sa Majesté & la Valeur remise auxdits Demandeurs: Fait Défenses au Défaillant, de plus à l'avenir s'immiscer, ni faire aucunes Chaînes, Tourniquets, Maillons & S. de Montres en Or & Argent, ni aucuns autres Ouvrages d'Horlogerie; & faisant Droit sur le Réquisitoire du Procureur Général du Roi, la Condamné en trois livres d'Amende envers le Roi, & en outre aux Dépens du présent Défaut & de tout ce qui a suivi, &c......

ARREST DE LA MESME COUR,
dudit jour 8 Mars 1745.

LA Cour a Déclaré & Déclare ledit Défaut avoir été bien & duément obtenu, & adjugeant le Profit d'icelui, Déclare la Saisie faite à la Requête des Demandeurs, [les Gardes-Visiteurs Horlogers] par le susdit Exploit sur le Défaillant, [Pierre Caillet, travaillant à faire des Chaînes de Montres d'Or & d'Argent sans Droit ni qualité] de quatre bouts de Chaînes de Montres, deux Charnières, quatorze Tourniquets, plusieurs Maillons, le tout d'Argent, un morceau d'Argent massif, pesant ensemble une Once cinq Gros; bonne & valable: En conséquence, a Confisqué & Confisque lesdits Ouvrages d'Argent & dont est question au Profit des Demandeurs. Ordonne qu'ils seront portés en l'Hôtel de la Monnoie, ponr y être Fondus & Convertis en Espèces aux Coins & Armes de Sa Majesté, & la Valeur remise audits Demandeurs: Fait Défenses au Défaillant de plus à l'avenir s'immiscer ni faire aucunes Chaînes, Charnières, Tourniquets & Maillons de Montres, ni aucuns autres Ouvrages d'Horlogerie; & faisant Droit sur le Réquisitoire du Procureur Général du Roi, l'a Condamné en 20 livres d'Amende

mende envers le Roi, & en outre aux Dépens du préfent Défaut & de ce qui a fuivi, &c......

AVIS DE M. LE PROCUREUR DU ROI,
du 26 Novembre 1745.

PArties Oüies, Lecture faite des Pièces, Nous difons que les Statuts & Réglemens de la Communauté des Horlogers feront éxécutés felon leur forme & teneur. En conféquence avons la Saifie faite à la Requète des Gardes-Vifiteurs en Charge de la Communauté defdits Horlogers, Demandeurs, Parties de Trahan, leur Procureur, fur N... Compagnon Horloger gagnant Maîtrife dans l'Hôpital de la Trinité, Défendeur, affifté de Baran, fon Procureur ; des Marchandifes & Outils d'Horlogerie dont eft queftion, déclarée bonne & valable ; Avons lefdites Marchandifes, Outils & Effets faifis, acquis & confifqués au profit des Parties de Trahan, à les leur remettre fera le nommé.... Gardien d'iceux contraint par Corps, quoi faifant déchargé. Faifons Défenfes à la Partie de Baran, & à tous autres de s'immifcer, de travailler de la Profeffion d'Horloger hors de l'Hôpital de la Trinité, Enjoignons à la Partie de Baran, de s'y retirer pour y achever fon temps conformément à fon Bail ; & condamnons la Partie de Baran, aux Dépens, &c....

SENTENCE DE POLICE, du 7 Janvier 1746.

PArties Oüies, fans que les qualités puiffent nuire ni préjudicier, Nous avons l'Avis du Procureur du Roi, du 26 Novembre dernier, confirmé, pour être éxécuté felon fa forme & teneur, avec Dépens, &c....

ARREST DE LA COUR DES MONNOIES,
du 29 Novembre 1748.

LA Cour a donné Acte au Procureur Général du Roi, de la Déclaration faite par lefdits... Gardes-Vifiteurs en Charge de la Communauté des Horlogers. En conféquence

T

leur enjoint d'être plus exacts à l'avenir à l'observation des Ordonnances , Arrêts & Réglemens concernant les Ouvrages d'Or & d'Argent de leur Profession ; & conformément à iceux , d'apporter au Greffe de la Cour tous lesdits Ouvrages en Or & en Argent de leur Profession qu'ils auront Saisis : leur fait Défenses de récidiver. Et Ordonne que mention sera faite du présent Arrêt par l'un des Huissiers de la Cour sur le Regiſtre des Délibérations de la Communauté & en Marge de la Délibération du 17 Août dernier , &c........

ARREST DE LA MESME COUR,
du 16 Octobre 1751.   Page 21.

TITRE TRENTE-CINQUIÉME.

PRIVILÉGES, DEVOIRS,
ET OBLIGATIONS DES VEUVES.

STATUTS, de 1544, Art. XIV. *& dernier.*

LEs Femmes Veuves des Maîtres dudit Métier, durant leur Viduité feulement, pourront tenir Boutique & Ouvroir du Métier, & joüir des Priviléges d'icelui Métier, pourvû que icelles ayent en leurs Maifons, Hommes Seurs & Experts audit Métier, dont elles répondent quand befoin fera ; & là où elles fe remarieront avec ceux dudit Métier, qui ne feront Maîtres, faudra & feront tenus leurfdits feconds Maris, & étant de ladite qualité, faire Chef-d'Œuvre dudit Métier, tel qu'il leur fera baillé & délibéré par lefdits Gardes-Vifiteurs, pour être faits & paffés Maîtres, s'ils font trouvés fuffifants par ledit Chef-d'Œuvre : autrement lefdites Veuves ainfi remariées, ne joüiront plus dudit Métier, ni des Priviléges d'icelui.

Nota. Cet Article mérite attention. Il y paroîtroit que les Veuves de Maîtres, auroient le Droit en époufant un Homme de la Profeffion d'Horloger, de lui donner la qualité d'Apprenti de Ville, s'il ne l'avoit pas, & de le faire recevoir Maître, en faifant Chef-d'Œuvre, comme les autres, s'il en étoit Capable. Ce Privilége eft confidérable ; je ne fache point qu'il y en ait jamais eû d'exemple dans la Communauté : au refte je ne le défaprouverois pas ; mais comme cet Article mérite interprétation, j'en laiffe la décifion à de plus Savans que moi.

T ij

STATUTS de 1646. Art. X.   Page 94.

RÉGLEMENT GE'NE'RAL, à *Saint Germain en Laye, du* 30. *Décembre* 1679. Art. V.   Page 57.

MESME REGLEMENT, Art. VI. Page 37.

SENTENCE DE POLICE, du 27 *Avril* 1742. Page 98.

ARREST DE LA COUR DES MONNOIES, du 17 *Décembre* 1742.   Page 59.

SENTENCE DE POLICE, du 3 *Septembre* 1751.

PArties Oüies, entre lefdits M^es. Thiébard & Des Moulins, & par vertu du Défaut de nous donné contre ledit M^e. Douceur, [Procureur de la Veuve de...... Maître Horloger] non comparant ni autre pour lui dûcment appellé, lecture faite des Pièces & de l'Avenir pour plaider à ce jourd'hui ; Nous Déclarons la Saifie dont eft queftion, Bonne & Valable : Difons que les chofes Saifies feront vendues au Bureau des Parties de Thiébard, [Les Gardes-Vifiteurs Horlogers] & le prix rendu à celle de Des Moulins, [le nommé La Rivierre, homme fans qualité & fans aucune Profeffion, faifant Commerce d'Ouvrages d'Horlogerie fous la protection d'une Veuve de Maître Horloger] & ce par grace & fans tirer à conféquence : Faifons Défenfes à la Partie de Des Moulins, d'entreprendre fur la Profeffion d'Horloger, la Condamnons en 20 livres de Dommages & Intérêts envers la Communauté des Parties de Thiébard, & en 12 livres d'Amende : Faifons pareilles Défenfes à la Veuve...... Défaillante, de prêter fon Nom ni protéger aucun Ouvrier, fous peine d'être déchue du Droit de travailler en

qualité de Veuve de Maître ; la Condamnons en 30 livres
de Dommages & Intérêts envers la Communauté des Parties de Thiébard, & en 10 livres d'Amende ; & Condamnons la Partie de Des Moulins, & la Veuve....... folidairement aux Dépens, &c......

Nota. *Il y a Appel de cette Sentence au Parlement de la part*
des Gardes-Vifiteurs Horlogers, lequel Appel n'eft point encore
Jugé.

TITRE TRENTE-SIXIÉME
ET DERNIER.

CHARGES ET IMPOSITIONS
POUR LE ROI,
ET DROITS DÛS A LA COMMUNAUTÉ.

SENTENCE DE POLICE, *du 18 Juin* 1734.

SUrquoi, ayant égard au Réquisitoire dudit Procureur du Roi, & conformément à icelui, Ordonnons que les Arrêts, Sentences & Réglemens de Police, ensemble les Statuts des Corps des Marchands & Communautés d'Arts & Métiers de la Ville & Fauxbourgs de Paris, seront exécutés selon leur forme & teneur ; & en conséquence, faisons Défenses aux Maîtres & Gardes des Corps des Marchands , & aux Syndics & Jurés desdites Communautés, de plus à l'avenir admettre aucuns Aspirans, qu'ils n'ayent payé entièrement les Droits dûs auxdits Corps & Communautés pour leurs Réceptions, ni de recevoir d'eux des à Comptes, soit en Espèces , Billets ou Obligations, à peine de demeurer garants & responsables en leurs propres & privés Noms envers lesdits Corps & Communautés des Sommes qui resteront dûes desdites Réceptions , & d'être Condamnés personnellement & par Corps à les payer. Leur enjoignons, à peine d'être Déchus de la qualité de Gardes, Syndics & Jurés pour la pre-

mière fois, même de celle de Marchands ou Maîtres, & d'ê-
tre Condamnés en tel Amende qu'il appartiendra en cas de
récidive ; qu'auſſi-tôt qu'ils auront admis des Aſpirans dans
leurs Corps ou Communautés, de les préſenter audit Procureur du Roi pour être par lui reçus, enregiſtrés ſur ſes Regiſtres, & leur faire prêter le Serment devant lui en tel cas
requis, & leur être enſuite les Lettres de Marchands ou
Maîtres délivrées par le Greſſier en la manière ordinaire &
accoutumée. Ordonnons en outre que notre préſente Sentence ſera à la diligence dudit Procureur du Roi, Imprimée, Lue, Publiée & Affichée dans les Lieux & Carrefours
accoutumés, même dans tous les Bureaux des Corps des
Marchands & Communautés d'Arts & Métiers de la Ville
& Fauxbourgs de Paris, & par tout ou beſoin ſera, & Signifiée à ſa Requête auxdits Gardes deſdits Corps & aux Syndics & Jurés deſdites Communautés, & enregiſtrée ſur leurs
Regiſtres. Enjoignons auxdits Gardes, Syndics & Jurés d'y
tenir la Main, & de remettre un Certificat dudit enregiſtrement dans Huitaine audit Procureur du Roi, &c......

ARREST DU CONSEIL D'ÉTAT DU ROI,
à Verſailles, du 3 Juin 1738. Art. I.   Page 119.

MESME ARREST Art. II.

ENtend Sa Majeſté, qu'à commencer du jour de la Publication du préſent Arrêt, tous les Marchands, Arti-
ſans & leurs Veuves, qui renonceront à leur Droit dans les
Corps & Communautés, ſoient & demeurent aſſujétis au
payement de la Capitation deſdits Corps & Communautés
pendant l'eſpace de trois Années, ſans que les Gardes, Prévôts & Jurés puiſſent les augmenter, ni ſe diſpenſer de les
impoſer aux mêmes Sommes pour leſquelles ils ſont compris
dans leurs Rôles, Dérogeant à cet effet en tant que beſoin
eſt ou ſeroit, aux Diſpoſitions de l'Arrêt du 13. Mai 1721.

MESME ARREST Art. III.

SEront tenus lefdits Gardes, Prévôts & Jurés des Corps & Communautés de remettre au Sieur Lieutenant Général de Police, à l'expiration des trois Années, des Extraits des Renonciations en bonne forme qui leur auront été Signifiées, avec un Extrait du Rôle contenant les Sommes auxquelles les Particuliers qui auront Renoncé feront impofés fur lefdits Rôles, afin que le Sieur Lieutenant Général de Police puiffe envoyer ces Extraits au Sieur Prévôt des Marchands de Paris, pour qu'il puiffe impofer lefdits Particuliers à la même Somme fur le Rôle des Bourgeois.

MESME ARREST Art. IV.

VEut fa Majefté, que les Décharges ou Modérations que les Marchands, Artifans & leurs Veuves auroient pû obtenir fous prétexte des Renonciations Signifiées à leurs Corps & Communatés, & qui ne fe trouveroient pas paffées devant Notaires, conformement audit Arrêt du 13 Mai 1721. foient & demeurent Nulles, & que nonobftant lefdites Décharges & Modérations, les Marchands, Artifans, & leurs Veuves puiffent être contraints au Payement des Sommes pour lefquelles ils étoient impofés dans les Rôles de leurs Corps & Communautés; qu'ils foient en outre remis fur les Rôles qui feront faits dans la fuite, quand bien même ils feroient déja compris fur les Rôles des Bourgeois, & qu'ils y reftent jufqu'à ce qu'ils ayent fatisfait aux Difpofitions du préfent Arrêt.

SENTENCE DE POLICE, du 22 Juillet 1740.

Nota. *Cette Sentence eft entièrement conforme à la précédente du 18 Juin 1734. Page 150. Elle en renouvelle toutes les difpofitions, & fait les mêmes Défenfes, fous pareilles peines.*

ARREST

ARREST DU CONSEIL D'ETAT DU ROI,
à Verſailles, du 14 Février 1747.

SUr la Requête préſentée au Roi en ſon Conſeil, par les Gardes-Viſiteurs en Charge, Anciens & Communauté des Maîtres Horlogers de la Ville & Fauxbourgs de Paris, contenant : Que Sa Majeſté, ayant par ſon Edit du mois de Février 1745. créé des Offices d'Inſpecteurs & Contrôleurs des Jurés dans les Communautés d'Arts & Métiers du Royaume, & autoriſé leſdites Communautés à réunir, chacun en droit-ſoi, leſdits Offices d'Inſpecteurs & Contrôleurs ; la Communauté des Horlogers de Paris prit, pour la réunion deſdits Offices taxés par un Rôle arrêté au Conſeil à la Somme de 24000. livres différentes Délibérations, qui furent Homologuées & Confirmées par Arrêt du Conſeil du 3 Juillet ſuivant : la Communauté paya en conſéquence la Finance deſdits Offices d'Inſpecteurs & Contrôleurs, tant des Deniers qu'elle avoit lors dans ſes Coffres, que de ceux provenus de la Réception de 20 Maîtres ſans qualité qu'elle fut autoriſée de recevoir ; au moyen de quoi la Communauté n'ayant pas été dans la néceſſité de faire percevoir la ſomme de *Trois livres* de Droit de Viſite qui devoit être payée par chaque Maître auxdits Inſpecteurs & Contrôleurs en vertu dudit Edit du mois de Février 1745. & du Tarif arrêté en conſéquence ; elle a, par une Délibération du 22 Novembre dernier, Approuvée & Ratifiée par Acte du 23 du même Mois, autoriſé les Gardes-Viſiteurs à préſenter au nom de la Communauté Requête à Sa Majeſté, pour la Supplier de Supprimer ledit Droit de Viſite de *Trois livres*, attendu les Motifs ci-deſſus, enſorte qu'aucun deſdits Maîtres n'en payera à l'avenir, même qu'ils en demeureront déchargés pour le paſſé, & que les Gardes-Viſiteurs demeureront auſſi déchargés de compter dudit Droit, tant pour le paſſé que pour l'avenir : C'eſt ce qui oblige les Supplians de ſe pourvoir & de joindre à la préſente Requête une expédition de ladite Délibération & dudit Acte de Ratification. Requerroient à ces cauſes les Supplians, qu'il plût à Sa Majeſté Homologuer,

V

Autorifer & Confirmer ladite Délibération & ledit Acte de Ratification, paffés devant Mes. Bernard & Jarry, Notaires au Châtelet de Paris, les 22. & 23. Novembre dernier, qui feront exécutés felon leur forme & teneur ; en conféquence Ordonner que ledit Droit de Vifite de *Trois livres*, qui devoit être payé par chaque Maître Horloger, fera & demeurera Supprimé, tant pour le paffé que pour l'avenir : Ce faifant, décharger les Maîtres Horlogers du payement dudit Droit, & les Gardes-Vifiteurs d'en compter, tant pour le paffé que pour l'avenir. Vû ladite Requête, la Délibération de ladite Communauté du 22. Novembre 1746. & l'Acte de Ratification étant enfuite, du 23. dudit mois : Oüi le Rapport du Sieur De Machault, Confeiller ordinaire au Confeil Royal, Contrôleur Général des Finances ; LE ROI EN SON CONSEIL, ayant aucunement égard à ladite Requête, **a** Ordonné & Ordonne : Que le Droit de *Trois livres*, impofé fur chaque Maitre de la Communauté des Horlogers de la Ville & Fauxbourgs de Paris, par le Tarif arrêté au Confeil, en conféquence de l'Edit du mois de Février 1745. fera & demeurera modéré à *Vingt fols*, à l'effet de quoi Sa Majefté a déchargé & décharge les Maîtres Horlogers, tant pour le paffé que pour l'avenir du payement du furplus dudit Droit : Et feront les Gardes-Vifiteurs en Charge tenus de compter defdits *Vingt fols*, ainfi & de la manière prefcrite par l'Arrêt du Confeil du 3 Juillet 1745. &c......

SENTENCE DE POLICE, *du 1. Septembre* 1747.
RENDUE SUR LES CONCLUSIONS DE Mr LE PROCUREUR DU ROI.

A Tous ceux, &c... Que vû par nous Nicolas-René Berrier... Lieutenant-Général de Police de Paris, la Requête à nous préfentée par les Gardes-Vifiteurs en Charge de la Communauté des Maîtres Horlogers à Paris, le 17 Août dernier, à ce qu'il nous plaife, vû la Délibération dont Copie eft jointe à ladite Requête en date du 8. dudit mois d'Août.. par laquelle ladite Communauté a arrêté pour les caufes & raifons y portées : Que pour accélérer la perception des Droits

de Capitation & Dixième de l'Induſtrie, le Droit Annuel
établi par l'Edit du mois de Février 1745. pour les Charges
d'Inſpecteurs & Contrôleurs, & les Droits de Viſites, ce qui
occaſionne des Frais conſidérables & ſouvent en pure perte
pour la Communauté; il ſeroit à propos de ne point man-
der les Refuſans de payer, aux Aſſemblées du Bureau &
autres, auxquelles les Modernes & Jeunes ſont mandés tour-
à-tour ſuivant l'ordre du Tableau; & ce, tant qu'ils ſeront
redevables de quelque choſe, & leur tour paſſé juſqu'à ce
qu'ils ayent acquitté ce qu'ils pourront devoir; & même, que
lorſqu'ils ſe préſenteroient au Bureau pour y paſſer des Brevets d'Apprentiſſage, ils ne le pourroient faire qu'ils n'euſſent
auſſi acquitté ce qu'ils pourroient devoir. Et que comme dans
les Aſſemblées au Bureau il s'y diſtribue une Bougie à chacun
des préſens, & qu'il y a en outre quelques autres petits Droits,
lorſqu'il s'agit de la Réception à la Maîtriſe & du Chef-d'Œuvre d'un Apprenti de Ville, il y a lieu de croire que les Maîtres aimeront mieux acquitter les Impoſitions, que de ſe voir
privés de ces Honneurs & Droits d'Aſſemblées; & que notre
Sentence qui interviendra à ce ſujet, ſoit imprimée aux Dépens de ladite Communauté, pour en être un Exemplaire
diſtribué à chaque Maître, & les Frais faits pour icelle employés & alloués dans les Comptes de Jurande; Homologuer ladite Délibération pour être exécutée ſelon ſa forme & teneur & en tout ſon contenu; ladite Requête, *Signée* TRAHAN,
Procureur au Châtelet de Paris; Notre Ordonnance de,
ſoit communiquée au Procureur du Roi, étant enſuite; les
Concluſions du Procureur du Roi, du 30 dudit mois, en-
ſemble ladite Délibération ſuſdatée & énoncée; & tout vû
& conſidéré : NOUS DISONS, que la Délibération des Gardes-Viſiteurs en Charge, des Anciens, Modernes & Jeunes
de la Communauté des Maîtres Horlogers de cette Ville &
Fauxbourgs de Paris, en date du 8. Août dernier, eſt &
demeurera Homologuée pour être exécutée ſelon ſa forme
& teneur; en conſéquence Ordonnons que notre préſente
Sentence ſera, à la Diligence des Supplians, enregiſtrée ſur
le Regiſtre de ladite Communauté, Imprimée & Affichée
dans le Bureau d'icelle, & qu'il en ſera diſtribué un Exem-

plaire à chacun des Maîtres & Veuves de Maîtres, à ce qu'ils n'en prétendent caufe d'ignorance, ce qui fera exécuté nonobftant, &c........

ARREST DU CONSEIL D'ETAT DU ROI,
à Verfailles, du 22 Avril 1749. Art. V. Page 137.

MESME ARREST, Art. VII.

IL fera fait tous les **Ans**, par les Jurés & Anciens de la Communauté, un Rôle de tous les Maîtres & Veuves, divifé en trois Claffes. La première, contenant les Maîtres & Veuves qui tiendront Boutique lors de la Confection dudit Rôle ; & qui feront en état de payer les Droits de Vifite. La feconde, contenant les Fils de Maîtres reçus à la Maîtrife, & qui demeurent chez leurs Pères, ou chez d'autres Maîtres, en qualité de Garçons de Boutique ou Compagnons. Et la troifième, contenant les Noms de ceux qui feront réputés hors d'état de payer lefdits Droits, ou à qui il conviendra d'en faire remife d'une partie. Lequel Rôle fera remis tous les Ans entre les mains du Juré Comptable qui entrera en Charge, après avoir été affirmé par tous les autres Jurés & Anciens. Et fera tenu ledit Juré Comptable, de tenir Compte à la Communauté, du montant de la première Claffe, à moins qu'il ne juftifie du décès des Maîtres arrivé pendant fon Année de Comptabilité, par un Etat *Signé* de tous les Jurés & de quatre Anciens : & de Compter pareillement des Sommes qu'il aura pû recouvrer fur les Maîtres de la troifième Claffe, le montant defquelles fera alloué dans la Recette de fon Compte, fur le Certificat des Jurés en Charge.

Nota. *Comme les derniers Ordres envoyés par Monfieur le Lieutenant Général de Police, aux Gardes, Syndics & Jurés des Corps & Communautés d'Arts & Métiers de Paris, font ; que les Impofitions pour le Roi, foient plus accelérées qu'elles ne l'ont été, & qu'elles foient entièrement acquittées dans le courant de la même Année pour laquelle elles font impofées, & qu'à*

cet effet il Ordonne dès le premier Janvier de chaque Année, que
les Rôles en soient faits dans le mois pour être aussi-tôt par lui
arrêtés, faute de quoi il décerne des Contraintes contre ceux
qui en sont chargés; Messieurs les Maîtres sont priés de satisfaire exactement à ces impositions dans le temps qu'elles leur seront
demandées, pour éviter des Frais de pourfuites que l'on ne pourroit se dispenser de faire contre ceux qui seroient en retard de
les payer.

FIN.

In manu artificum opera laudabuntur.

ECCLI. CAP. IX. VERS. 24.

TABLE
ALPHABÉTIQUE
DES MATIÉRES.
A

Abbaye Saint Germain. Défenses aux Compagnons Horlogers de s'y réfugier pour y travailler en Or ou en Argent, ou pour en faire Négoce ; sur peine de Punition Exemplaire. *Page* 13 33. Permis aux Gardes-Visiteurs d'y faire librement leurs Visites, & Défenses de leurs y apporter aucun trouble. 14.

Achats. Défenses d'Acheter Ouvrages de Matières d'Or ou d'Argent, si ce n'est de Personnes connues & Domiciliées. 83.

Age. Pour commencer l'Apprentissage. 95. Pour être reçu Maître. 114. 116.

Alloués. Les Maîtres qui en prendront seront tenus de porter aux Gardes-Visiteurs les Actes qu'ils en auront passé, pour être par eux enregistrés ; sur peine de Nullité d'iceux. 98. 109.

Anciens Gardes-Visiteurs. Assisteront aux Réceptions. 118. Défenses de recevoir aucun Maître qu'il n'ait fait Chef-d'Œuvre. 118. Ce qu'ils doivent observer aux Redditions de Comptes. 135.

Apprentis & *Apprentissage.* Aucune partie du temps de leur Apprentissage ne peut leur être remis. 92. 97. Leur Apprentissage doit se faire de suite & sans intermission. 92. 103. 104. Travailleront chez leurs Maîtres, sans Gages, Argent ni Récompense aucune. 93. Leur Apprentissage ne pourra être moins de Huit Années. 94. 97. Age prescrit pour le commencer. 95. Doivent travailler, être nourris & coucher chez leurs Maîtres. 95. 98. Leur temps cesse de courir s'ils sortent de chez leurs Maîtres. 98. 100. Miliciens de Paris leur temps court. 99. Ne peuvent travailler pour leur Compte particulier sur peine de ne pouvoir parvenir à la Maîtrise. 101. Leurs Brevets ne doivent être quittancés par leurs Maîtres s'ils n'ont fait chez eux tout le temps de leur Apprentissage. 102. En cas de changement de Maître ne peuvent être plus de trois Mois sans Maître sur peine de Nullité des Brevets, dont sera fait mention dans iceux. 103. 104. Obligés de faire leurs Devoirs, & de porter Honneur & Respect à leurs Maîtres. 106. Doivent faire leur Apprentissage chez des Maîtres de Paris. 115.

Apprentis des Galeries du Louvre. Ne doivent avoir travaillé chez les Maîtres de Paris. 95. Ne peuvent travailler hors lesdites Galeries. 95. 97. Ils doivent coucher sous le même Toit de leur Maître & être à leur Table & à leur Feu. 95. Leurs Brevets doivent être enregistrés par les Gardes-Visiteurs Horlogers. 95. Ils doivent se conformer pour leur Apprentissage à ce qui est prescrit par les Statuts de la Communauté. 96. Apprenti Horloger desdites

Galeries qui n'avoit fait que cinq Années d'Apprentiffage , & qui l'avoit commencé Majeur de vingt cinq Ans , obligé d'obtenir un Arrêt du Confeil d'Etat du Roi qui le relève de ces défauts , pour pouvoir être reçu Maitre. 96.

Art de l'Horlogerie. Son Etendue. 7. Son Eloge par Louis XIV. 24. par François I. 16. Quand établi en Maîtrife & Jurande. 122.

Afpirant à la Maîtrife. Ne peut être reçu Maitre fans faire Chef-d'Œuvre qui lui fera Ordonné par les Gardes-Vifiteurs. 114. 115. 116. 118. Ne peut être reçu avant l'âge de vingt Ans. 114. 116. Doit être de Bonnes Vie & Mœurs. 115. Juftifiera de la Quittance de fon Maitre d'Apprentiffage qui doit être un Maitre de Paris. 115.

Affemblées. Au Bureau pour les Réceptions de Maîtres ; un Moderne & un Jeune Maitre y feront mandés. 17. 18. 118. Pour les Elections des Gardes-Vifiteurs ; Douze Modernes & Douze Jeunes y feront mandés. 17. 131. Tous ceux qui y feront mandés doivent s'y trouver fur peine de Trois livres d'Amende. 134. une Bougie diftribuée à chacun des Préfens au Bureau. 155. Débiteurs de Capitation & autres Droits , n'y feront mandés. 155.

Affociation. Défenfes aux Maîtres , de s'affocier pour fait d'Horlogerie avec autres que des Maîtres. 1. 2.

B

*B*Ailli & *Bailliage.* du Palais. Forme d'y procéder & de quoi il connoît. 129. 142. 143. Ceux qui veulent ouvrir Boutique dans fon Enclos , obligés d'y faire enregiftrer leurs Lettres de Maîtrife. 130. Lettres de Jurande y feront enregiftrées. 142.

Bâtes & Lunettes des Boîtes d'Or & d'Argent de Montres , doivent être Marquées du Poinçon du Maître qui les Fabrique. 48. 50.

Biffement des Poinçons. Voyés *Poinçon de Maître.*

Boîtes d'Or & d'Argent de Montres , Emaillées , Gravées , avec toutes fortes d'Ornemens. Maîtres Horlogers ont Droit de les Fabriquer , Vendre & Débiter. 5. 6. 7. 8. 13. 14. 28. 29. 30. 31. 32. 37. 38. 42. 43. 45. 46. 47. 48. 49. 52. 54. 56. 66. Leur eft permis de les faire de tel Poids qu'ils voudront. 14. Doivent être Marquées du Poinçon du Maître qui les Fabrique , aux Fonds , aux Bâtes & aux Lunettes. 32. 37, 45. 46. 47. 48. 49. 50. 52. 54. 62. 75. Horlogers n'en peuvent avoir ni recevoir chez eux , qu'elles ne foient Contrôlées. 76.

Boîtes de Pendules. Permis aux Maîtres Horlogers de les faire par eux-mêmes ; & dans le cas où ils ne les feront pas eux-mêmes , Défenfes de les faire faire par d'autres que par des Maîtres Ménuifiers-Ebéniftes , & de les acheter des Ouvriers fans qualité. 15. 20.

Bougies. Diftribuées pour Droit de Préfence aux Affemblés du Bureau. 155.

Boutique. Ceux qui employent les Matières d'Or & d'Argent ne peuvent les Fabriquer qu'en Boutique ouverte fur Rue publique. 5. 7. 8. 29. 30. 35. 36. 38. 39. Dans l'Enclos du Palais. Voyés *Bailli.*

Brevets d'Apprentiffage & leurs *Tranfports.* Ne pourront être moins de

Huit Années. 94. 97. Seront remis aux Gardes-Viſiteurs auſſi-tôt l'Abſence des Apprentis. 94. 98. 101. 104. Seront paſſés au Bureau de la Communauté & par le Notaire d'icelle en préſence des Gardes-Viſiteurs , ſur peine de Nullité. 97. Défenſes aux Maitres de les quittancer ſi les Apprentis n'ont fait chez eux le temps de leur Apprentiſſage. 102. Ne peuvent être Signés ni enregiſtrés par les Gardes-Viſiteurs , que le Droit dû à l'Hôpital Général ne ſoit payé. 105. Contre-Lettre Déclarée Nulle. 106. 107. N'en ſera paſſé aux Débiteurs de Capitation & autres Droits. 155.

C

CApitation. Ce qui eſt à obſerver à cet égard , & ce qu'il faut faire à cauſe de ceux qui renoncent à la Maitriſe. 119. 151. 152. Les Débiteurs d'icelle & autres Droits ne ſeront mandés aux Aſſemblées , ni ne leur ſera paſſé de Brevet. 155. Avertiſſement à ſon ſujet. 156.

Chaînes & Crochets d'Or & d'Argent de Montres. Permis aux Maîtres Horlogers de les Fabriquer & Vendre. 30.

Chambre. Défenſes d'y travailler en Ouvrages de Matières d'Or & d'Argent. 8. 29. 30. 33. 35. 38. 39.

Chef-d'Œuvre. Sera Ordonné par les Gardes-Viſiteurs. 114. Nul ne pourra être reçû Maitre ſans le faire. 114. 115. 118. Tous les Anciens , avec un Moderne & un Jeune tour-à-tour , y aſſiſteront. 118.

Cloîtres. Voyés *Lieux Clos.*

Colléges. Voyés *Lieux Clos.*

Colportage. Défendu pour les Ouvrages d'Horlogerie. 3. 6. 13. 124.

Commis du Fermier des Droits de Contrôle , ne peuvent faire de Viſites ſans être aſſiſtés de l'un des Officiers de l'Election. 74.

Commiſſion des Gardes-Viſiteurs. Voyés *Lettres de Jurande.*

Compagnons. Ne peuvent travailler pour les Maîtres , ſi ce n'eſt en leurs Maiſons. 6. 124. Défenſes à eux de travailler en Matières d'Or & d'Argent ailleurs que dans des Boutiques , en Lieux Publics & Apparens , ſur peine de Priſon ; ni de ſe refugier dans les Lieux Clos , Privilégiés ou Prétendus tels pour y travailler deſdites Matières ou pour en faire Commerce , ſur peine de trois Ans de Galères. 8. 13. 14. 33. 38. Leur eſt enjoint de ſe retirer chez les Maitres ſur peine de Punition exemplaire. 14. 34. 38. Ne peuvent travailler pour leur Compte particulier , ſur peine de ne pouvoir parvenir à la Maitriſe. 38. 101. 125. Sont tenus en quittant leur Maître de prendre Congé de lui par Ecrit. 93. Travaillans hors les Maiſons des Maîtres , leurs Ouvrages & Outils ſeront Saiſis & Enlevés. 111. Ne peuvent quitter leur Maitres ſans leur conſentement , autrement obligés de ſortir la Ville & Banlieue trois Mois au moins. 111. 112.

Compagnons Orfèvres. Défenſes à eux de ſe mêler de Trafiquer ni Vendre aucuns Ouvrages d'Horlogerie. 7. Maitres Horlogers ne peuvent s'en ſervir 7. 28. 29. 113.

Comptes des Gardes-Viſiteurs ſortant de Charge. Quand doivent être rendus,

dus. 131. 139. Formalités qui doivent y être observées. 134. 135. & *suiv.*

Confrairie de Saint Eloi. Défenses de faire aucune Dépense à ce sujet des Deniers de la Communauté. 136.

Contre-Lettres. Voyés *Brevets.*

Contre-Marque. Voyés *Poinçon* de Contre-Marque.

Contrôle ou Droits de Marque sur les Ouvrages de Matières d'Or & d'Argent. 66- 73. & *suiv.*

Cour des Aides. Horlogers en sont justiciables pour ce qui concerne les Droits de Marque ou Contrôle des Ouvrages d'Or & d'Argent. 74.

Cour des Monnoies. Horlogers en sont justiciables pour ce qui concerne le Titre des Ouvrages de Matières d'Or & d'Argent, la Marque, les Poinçons, & les Forges & Fourneaux. 5. 79. 85. 86. 87 88. 89. 90. 91. 146. Maitres qui ont Poinçon y prêteront Serment. 45. 53. 54. 55. Ouvrages Fabriqués en Pays Etrangers ne sont point sujets à son Essai. 79. Gardes-Visiteurs doivent y prêter Serment. 89. 90.

Courtage des Ouvrages & Marchandises d'Horlogerie, Défendu aux Gens sans qualité. 124. & *suiv.* Permis aux Maitres & aux Veuves, seulement, de le faire. 124.

Crochets. Voyés *Chaînes.*

D

DÉ*bit<Z:teurs* de Capitation & autres Droits, ne seront mandés aux Assemblées, ni ne leur sera accordé de prendre des Apprentis. 155.

Delta ou Triangle. Marque particulière des Poinçons des Ouvriers gagnans Maitrise dans l'Hôpital de la Trinité. 48. 50.

Deniers de la Communauté, ne peuvent être employés qu'avec de grandes précautions. 135. & *suiv.*

Domicile de ceux qui Fabriquent des Ouvrages d'Or & d'Argent, doit être connu des Gardes-Visiteurs & inscrit au Greffe des Monnoies. 37. 74.

Droits. Attribués aux Gardes Orfèvres pour faire les Essais des Ouvrages d'Or. 31. 47. De Marque ou Contrôle sur les Ouvrages d'Or & d'Argent. 66. 73. & *suiv.* De l'Hôpital Général. 105. D'Enregistrement des Lettres de Maitrise & de Jurande au Bailliage du Palais. 130. 142. De Visites. 143. 153. Du Roi, Voyés *Capitation.* De Préence aux Assemblées du Bureau, Voyés *Bougies.* De la Communauté. 150. 152. 153.

E

E*Bénistes.* Voyés *Menuisiers.*

Election des Gardes-Visiteurs. Tous les Anciens avec douze Modernes & douze Jeunes Maitres seulement, tour-à-tour suivant l'Ordre de Réception,

X

G

H

DES MATIE'RES.

J. I

L

M

Peintres. Leur eſt permis d'Emailler des Cadrans. 19.

Permiſſion particulière du Roi , pour faire des Boites d'Or de Montres de tout Poids. 14.

Pièce neuve d'Or ou d'Argent , ne doit être ajoutée à un Vieil Ouvrage de même Matière , qu'elle n'ait été Eſſayée & Contre-Marquée par les Gardes Orfévres , & que le Vieil Ouvrage ne l'ait auſſi été. 63. 64.

Pièces d'Appliques & Garniſons , doivent être Marquées du Poinçon du Maître qui les Fabrique , & de celui d'Eſſai ou de Contre-Marque des Gardes Orfévres. 46. 48. 50. 64. 75.

Pignon de Six. Marque diſtinctive des Poinçons des Horlogers , pour les diſtinguer de ceux des Orfévres. 38. 48. 50.

Poids de Marc. Défenſes de s'en ſervir qu'ils ne ſoient Etalonnés ſur les Poids Originaux Dépoſés en la Cour des Monnoies , & que la Marque n'en ſoit apparente. 82.

Poinçon de Maître. Horloger qui Fabrique des Ouvrages de Matières d'Or & d'Argent, obligé d'avoir Poinçon pour les Marquer. 5. 29. 32. 35. 37. 44. 45. 46. 47. 48. 49. 50. 51. 53. 54. 75. Sert à rendre le Maitre reſponſable de l'Ouvrage qui en eſt Marqué. 5. 44. 58. Doit avoir une Marque différente de celle des Orfévres. 38. 48. Sa forme. 48. 49. 50. 51. Doit être Inſculpé ſur les Tables de Cuivre dépoſées au Greffe de la Cour des Monnoies & au Bureau des Horlogers avant de pouvoir s'en ſervir ; Obligé , même & par Corps à cette Inſculpation , & juſqu'à ce. Défenſes de travailler. 38. 45. 47. 48. 50. 51. 52. 53. 54. 55. Défenſes de le Prêter ni Louer. 44. 101. 125. 127. Ceux qui les auront Gravés doivent les remettre aux Gardes-Viſiteurs & non aux Maitres auxquels ils ne doivent être remis qu'après leur Inſculpation au Greffe de la Cour des Monnoies & au Bureau de la Communauté. 55. Ceux des Horlogers ne doivent être Inſculpés au Bureau des Orfévres. 56. Doit ſervir à Marquer les Ouvrages des Veuves. 57. Doit être dépoſé au Bureau de la Communauté, lorſque le Maitre quitte Boutique ou la Ville de Paris , à quoi il eſt obligé , même par Corps. 58. 59. 60. Doit être Biffé après le Décès du Maitre par les Gardes-Viſiteurs en Charge , pourquoi la Veuve , Enfans ou Héritiers du Décédé ſont obligés de le rapporter auxdits Gardes. 59. Celui qui ne Fabrique point Ouvrages d'Or ou d'Argent , ne doit point en avoir. 60.

Poinçon des Ouvriers gagnans Maitriſe dans l'Hôpital de la Trinité. Doit avoir la Marque diſtinctive de l'Horlogerie & la Marque particulière dudit Hôpital. 48. 50. 51. Doit être Inſculpé au Greffe de la Cour des Monnoies & au Bureau des Horlogers. 50. 51. 52.

Poinçon de Charge & de Décharge , ou *Poinçons* du Fermier des Droits de Contrôle. 66. 73. *& ſuiv.*

Poinçon de Contre-Marque , appellé auſſi *Poinçon de la Maiſon Commune* , ou *Poinçon d'Eſſai* , ou *Poinçon des Gardes Orfévres* , ou *Poinçon de Paris :* C'eſt ce Poinçon ſeul , qui aſſure de la Bonté du Titre de la Matière. Tous les Ouvrages d'Or & d'Argent doivent en être Marqués , ſur peine de Confiſcation & de Trois mille livres d'Amende. 29. 32. 38. 46. 47. 64. 65. 66. 67. 68. 69. Peine de Mort pour ceux qui le Calqueront , Contre-tireront , ou autrement le Contreferont. 65.

Y

de Punition exemplaire. 13. 33. Permis aux Gardes-Visiteurs d'y faire librement leurs Visites, & Défenses de leurs y apporter aucun trouble. 14.

Saisies faites sur un: Frippier. 2. Serrurier. 3. 8. Huissier vendant sans Autorité de Justice. 3. Orfévre. 4. Particulier sans Droit ni qualité, faisant vendre par Huissier, en Place & Vente Publique. 16. Ouvriers sans qualité. 143. 144. Ouvrier de l'Hôpital de la Trinité. 145.

Sergent du Châtelet. Voyés *Huissier.*

Serment prêté en la Cour des Monnoies. 45. 53. 54. 55. 89. 90.

Serruriers. Défenses à eux de travailler d'Horlogerie. 3. 8. Leur est enjoint de souffrir les Visites des Gardes-Visiteurs. 3.

Services Divins. 5.

Société. Voyés *Association.*

Soumissions pour le payement des Droits de Contrôle. 66. 75. 76. 77. Ouvrier qui change la destination de son Ouvrage après en avoir fait sa Déclaration au Bureau du Fermier, doit avant d'y travailler, faire décharger sa Soumission & en faire une nouvelle. 77.

Statuts, Ordonnances & Réglemens doivent être exécutés. 14. 16. 17. Les premiers de la Communauté. 122.

T

Ables de Cuivre déposées au Greffe de la Cour des Monnoies & au Bureau de la Communauté, pour y Insculper les Poinçons des Maîtres & ceux des Ouvriers gagnans Maitrise dans l'Hôpital de la Trinité. 38. 45. 47. 48. 50. 51. 53. 54. 55.

Temple. Défenses aux Compagnons Horlogers de s'y réfugier pour y travailler en Or ou en Argent, ou pour en faire Négoce; sur peine de Punition exemplaire. 13. 33. Permis aux Gardes-Visiteurs d'y faire librement leurs Visites, & Défenses de leurs y apporter aucun trouble. 14.

Titre des Ouvrages de Matières d'Or & d'Argent. 37. 41. 43.

Transports. Voyés *Brevets.*

Triangle. Voyés. *Delta.*

Trinité. Forme des Poinçons des Ouvriers qui travaillent dans cet Hôpital pour y gagner Maitrise. 48. 50. 51. Un Maître de cette Institution doit être Elu Garde-Visiteur tous les Six Ans. 132. Défenses aux Ouvriers de cet Hôpital de travailler hors d'icelui, pendant le cours de leur Bail. 145.

V

Entes publiques. Voyés *Inventaires.*

Veuves. Celles qui font Fabriquer Ouvrages de Matières d'Or & d'Argent,

---

FAUTES D'IMPRESSION.

Page 3. *Ligne* 8. Baillage, *lisez* Bailliage.

P. 15. L. 14. en Suivant, *l.* ensuivant. L. 24. Garde nos, *l.* Garde de nos. L. 29. se, *l.* ce.

P. 39. L. dern. écheoitt, *l.* échet

P. 40. L. 8. 1646. XXIV. *l.* 1646. Art. XXIV.

P. 42. L. 13. au T. *l.* au Titre.

P. 46. L. 22. & cet, *l.* & à cet.

P. 51. L. 7. partiesDe, *l.* partiesdeDe.

P. 57. L. 13. l'Aoi, *l.* l'Aloi.

P. 71. L. 10. difétens, *l.* différens.

P. 105. L. 16. justifier, *l.* justifié.

P. 122. L. 1. qu'il, *l.* qui. L. 31. dix-neuf, *l.* IX.

P. 133. L. 1. permettre, *l.* permet.

P. 151. L. 2. tel, *l.* telle.

P. 152. L. 16. Communatés, *lis.* Communautés.

De l'Imprimerie de la Veuve DAVID, rue de la Huchette au Nom de Jesus, à la Cour de l'Ange.

0 1 2 3 4 5 6 7 8 9 10

www.ingramcontent.com/pod-product-compliance
Lightning Source LLC
LaVergne TN
LVHW012011170726
843503LV00001B/321